Guttentag'sche Sammlung
Nr. 53. Deutscher Reichsgesetze. Nr. 53.
Text-Ausgaben mit Sachregister.

Reichspreßgesetz

vom 7. Mai 1874

nebst

den einschlägigen Bestimmungen des Reichsstrafgesetzbuchs, der Gewerbeordnung u. s. w.

Mit Kommentar und Sachregister

von

A. Born,
Kgl. Polizei-Assessor.

Berlin 1900.
J. Guttentag, Verlagsbuchhandlung,
G. m. b. H.

Vorwort.

Es giebt eine ganze Anzahl von Kommentaren zum Reichspreßgesetz. Sie sind aber fast alle älteren Datums. Abgesehen hiervon ist es von Werth, nicht blos zu wissen, wie in den verschiedensten Fällen der oberste Gerichtshof, namentlich das Reichsgericht, entschieden hat, sondern auch, warum die Entscheidung, wie geschehen, ergangen ist, was auch in neueren Kommentaren entweder vollständig oder doch größtentheils zu vermissen ist. Aus diesem Grunde ist fast durchweg den citirten Entscheidungen der Wortlaut aus den „Gründen“ derselben beigefügt. Von einer Erörterung des Preßrechtes, wie es von den Rechtslehrern in von einander abweichenden Ansichten gelehrt und interpretirt wird, ist im Großen und Ganzen abgesehen, da bei Kommentirung des Preßgesetzes in diesem Buche von dem Standpunkte ausgegangen ist, daß für den praktischen Gebrauch, insbesondere für den Nichtjuristen und namentlich auch für den Exekutivpolizeibeamten, dem dieser Kommentar als Nachschlagebuch dienen soll, es weniger von Wichtigkeit ist, die wissenschaftlichen Abhandlungen über das Preßrecht mit ihren verschiedenen auseinandergehenden, sich bekämpfenden Ansichten kennen zu lernen. Für ihn kommt es in erster Linie darauf an, die einzelnen Bestimmungen des Preßgesetzes zu verstehen. Deshalb findet hier vor Allem die einschlägige Rechtsprechung Berücksichtigung, da z. B. der Exekutivpolizeibeamte bei Verfolgung von Zuwiderhandlungen gegen das Preßgesetz stets in Einklang mit der Judikatur, mit der Rechtsanschauung der praktischen Juristen stehen muß. Natürlich ist die Kenntniß dieser Rechtsanschauung überhaupt für Jedermann von Wichtigkeit. Es sind aber nicht blos die einzelnen Bestimmungen des Preßgesetzes erörtert; vielmehr haben auch die eingreifenden Bestimmungen anderer Gesetze, z. B. des Reichsstrafgesetzbuches, der Gewerbeordnung u. s. w. an den hierfür in Betracht kommenden Stellen des Preßgesetzes in gebührender Weise ihren Platz und Besprechung gefunden.

Königsberg, 1900.

Der Herausgeber.

Inhaltsverzeichniß.

(Nr. 1003.)

Gesetz über die Presse.

Vom 7. Mai 1874. (R.G.Bl. Nr. 16, S. 65.)

Wir Wilhelm, von Gottes Gnaden Deutscher Kaiser, König von Preußen rc. verordnen im Namen des Deutschen Reichs, nach erfolgter Zustimmung des Bundesraths und des Reichstags, was folgt:

I. Einleitende Bestimmungen.

§. 1.

Die Freiheit der Presse unterliegt nur denjenigen Beschränkungen, welche durch das gegenwärtige Gesetz vorgeschrieben oder zugelassen sind.

§. 2.

Das gegenwärtige Gesetz findet Anwendung auf alle Erzeugnisse der Buchdruckerpresse, sowie auf alle anderen, durch mechanische oder chemische Mittel bewirkten, zur Verbreitung bestimmten Vervielfältigungen von Schriften und bildlichen Darstellungen mit oder ohne Schrift, und von Musikalien mit Text oder Erläuterungen.

Was im Folgenden von „Druckschriften" verordnet ist, gilt für alle vorstehend bezeichneten Erzeugnisse.

Hierzu Reichsgesetz vom 12. März 1884, betreffend Stimmzettel für öffentliche Wahlen:

Stimmzettel, welche nur die Bezeichnung der zu wählenden Personen enthalten, gelten nicht als Druckschriften im Sinne der Reichs- und Landesgesetze.

§. 3.

Als Verbreitung einer Druckschrift im Sinne dieses Gesetzes gilt auch das Anschlagen, Ausstellen oder Auslegen derselben an Orten, wo sie der Kenntnißnahme durch das Publikum zugänglich ist.

§. 4.

Eine Entziehung der Befugniß zum selbständigen Betriebe irgend eines Preßgewerbes oder sonst zur Herausgabe und zum Vertriebe von Druckschriften kann weder im administrativen, noch im richterlichen Wege stattfinden.

Im Uebrigen sind für den Betrieb der Preßgewerbe die Bestimmungen der Gewerbeordnung maßgebend.

§. 5.

Die nichtgewerbsmäßige öffentliche Verbreitung von Druckschriften kann durch die Ortspolizeibehörde denjenigen Personen verboten werden, welchen nach *§§. 57 Nr. 1, 2, 4, 57a, 57b Nr. 1 u. 2* der Gewerbeordnung ein Legitimationsschein versagt werden darf.

Ursprüngl. Fassung: „nach § 57 der Gew.-Ord." abgeändert durch Rchs.-Ges. v. 1./7. 83.

Zuwiderhandlungen gegen ein solches Verbot werden nach §. 148 der Gewerbeordnung bestraft.

II. Ordnung der Presse.

§. 6.

Auf jeder im Geltungsbereich dieses Gesetzes erscheinenden Druckschrift muß der Name und Wohnort des Druckers und, wenn sie für den Buchhandel, oder sonst zur Verbreitung bestimmt ist, der Name und Wohnort des Verlegers, oder — beim Selbstvertriebe der Druckschrift — des Verfassers oder Herausgebers genannt sein. An Stelle des Namens des Druckers oder Verlegers genügt die Angabe der in das Handelsregister eingetragenen Firma.

Ausgenommen von dieser Vorschrift sind die nur zu den Zwecken des Gewerbes und Verkehrs, des häuslichen und geselligen Lebens dienenden Druckschriften, als: Formulare, Preiszettel, Visitenkarten und dergleichen, sowie Stimmzettel für öffentliche Wahlen, sofern sie nichts weiter als Zweck, Zeit und Ort der Wahl und die Bezeichnung der zu wählenden Personen enthalten.

§. 7.

Zeitungen und Zeitschriften, welche in monatlichen oder kürzeren, wenn auch unregelmäßigen Fristen erscheinen (periodische Druckschriften im

Sinne dieses Gesetzes), müssen außerdem auf jeder Nummer, jedem Stücke oder Hefte den Namen und Wohnort des verantwortlichen Redakteurs enthalten.

Die Benennung mehrerer Personen als verantwortliche Redakteure ist nur dann zulässig, wenn aus Form und Inhalt der Benennung mit Bestimmtheit zu ersehen ist, für welchen Theil der Druckschrift jede der benannten Personen die Redaktion besorgt.

§. 8.

Verantwortliche Redakteure periodischer Druckschriften dürfen nur Personen sein, welche verfügungsfähig, im Besitze der bürgerlichen Ehrenrechte sind und im Deutschen Reiche ihren Wohnsitz oder gewöhnlichen Aufenthalt haben.

§. 9.

Von jeder Nummer (Heft, Stück) einer periodischen Druckschrift muß der Verleger, sobald die Austheilung oder Versendung beginnt, ein Exemplar gegen eine ihm sofort zu ertheilende Bescheinigung an die Polizeibehörde des Ausgabeorts unentgeltlich abliefern.

Diese Vorschrift findet keine Anwendung auf Druckschriften, welche ausschließlich Zwecken der Wissenschaft, der Kunst, des Gewerbes oder der Industrie dienen.

§. 10.

Der verantwortliche Redakteur einer periodischen Druckschrift, welche Anzeigen aufnimmt, ist verpflichtet, die ihm von öffentlichen Behörden mitgetheilten amtlichen Bekanntmachungen auf deren Verlangen gegen Zahlung der üblichen Einrückungsgebühren in eine der beiden nächsten Nummern des Blattes aufzunehmen.

§. 11.

Der verantwortliche Redakteur einer periodischen Druckschrift ist verpflichtet, eine Berichtigung der in letzterer mitgetheilten Thatsachen auf Verlangen einer betheiligten öffentlichen Behörde oder Privatperson ohne Einschaltungen oder Weglassungen aufzunehmen, sofern die Berichtigung von dem Einsender unterzeichnet ist, keinen strafbaren Inhalt hat und sich auf thatsächliche Angaben beschränkt.

Der Abdruck muß in der nach Empfang der Einsendung nächstfolgenden, für den Druck nicht bereits abgeschlossenen Nummer und zwar in demselben Theile der Druckschrift und mit derselben Schrift, wie der Abdruck des zu berichtigenden Artikels geschehen.

Die Aufnahme erfolgt kostenfrei, soweit nicht die Entgegnung den Raum der zu berichtigenden Mittheilung überschreitet; für die über dieses Maß hinausgehenden Zeilen sind die üblichen Einrückungsgebühren zu entrichten.

§. 12.

Auf die von den deutschen Reichs-, Staats- und Gemeindebehörden, von dem Reichstage oder von der Landesvertretung eines deutschen Bundesstaats ausgehenden Druckschriften finden, soweit sich ihr Inhalt auf amtliche Mittheilungen beschränkt, die Vorschriften der §§. 6 bis 11 keine Anwendung.

§. 13.

Die auf mechanischem oder chemischem Wege vervielfältigten periodischen Mittheilungen (lithographirte, autographirte, metallographirte, durchschriebene Korrespondenzen) unterliegen, sofern sie ausschließlich an Redaktionen verbreitet werden, den in diesem Gesetze für periodische Druckschriften getroffenen Bestimmungen nicht.

§. 14.

Ist gegen eine Nummer (Stück, Heft) einer im Auslande erscheinenden periodischen Druckschrift binnen Jahresfrist zwei Mal eine Verurtheilung auf Grund der §§. 41 und 42 des Strafgesetzbuchs erfolgt, so kann der Reichskanzler innerhalb zwei Monaten nach Eintritt der Rechtskraft des letzten Erkenntnisses das Verbot der ferneren Verbreitung dieser Druckschrift bis auf zwei Jahre durch öffentliche Bekanntmachung aussprechen.

Die in den einzelnen Bundesstaaten auf Grund der Landesgesetzgebung bisher erlassenen Verbote ausländischer periodischer Druckschriften treten außer Wirksamkeit.

§. 15.

In Zeiten der Kriegsgefahr oder des Krieges können Veröffentlichungen über Truppenbewegungen oder Vertheidigungsmittel durch den Reichskanzler mittelst öffentlicher Bekanntmachung verboten werden.

§. 16.

Oeffentliche Aufforderungen mittelst der Presse zur Aufbringung der wegen einer strafbaren Handlung erkannten Geldstrafen und Kosten, sowie öffentliche Bescheinigungen mittelst der Presse über den Empfang der zu solchen Zwecken gezahlten Beiträge sind verboten.

Das zufolge solcher Aufforderungen Empfangene oder der Werth desselben ist der Armenkasse des Orts der Sammlung für verfallen zu erklären.

§. 17.

Die Anklageschrift oder andere amtliche Schriftstücke eines Strafprozesses dürfen durch die Presse nicht eher veröffentlicht werden, als bis dieselben in öffentlicher Verhandlung kund gegeben worden sind oder das Verfahren sein Ende erreicht hat.

§. 18.

Mit Geldstrafe bis zu eintausend Mark oder mit Haft oder mit Gefängniß bis zu sechs Monaten werden bestraft:

1. Zuwiderhandlungen gegen die in den §§. 14, 15, 16 und 17 enthaltenen Verbote;
2. Zuwiderhandlungen gegen die Bestimmungen der §§. 6, 7 und 8, welche durch falsche An-

gaben mit Kenntniß der Unrichtigkeit begangen werden.

Dieselbe Strafe trifft den Verleger einer periodischen Druckschrift auch dann, wenn er wissentlich geschehen läßt, daß auf derselben eine Person fälschlich als Redakteur benannt wird.

§. 19.

Mit Geldstrafe bis zu einhundert und fünfzig Mark oder mit Haft werden bestraft:

1. Zuwiderhandlungen gegen die §§. 6, 7 und 8, welche nicht durch §. 18 Ziffer 2 getroffen sind;
2. Zuwiderhandlungen gegen den §. 9;
3. Zuwiderhandlungen gegen die §§. 10 und 11.

In den Fällen der Ziffer 3 tritt die Verfolgung nur auf Antrag ein, und hat das Strafurtheil zugleich die Aufnahme des eingesandten Artikels in die nächstfolgende Nummer anzuordnen. Ist die unberechtigte Verweigerung im guten Glauben geschehen, so ist unter Freisprechung von Strafe und Kosten lediglich die nachträgliche Aufnahme anzuordnen.

III. Verantwortlichkeit für die durch die Presse begangenen strafbaren Handlungen.

§. 20.

Die Verantwortlichkeit für Handlungen, deren Strafbarkeit durch den Inhalt einer Druckschrift begründet wird, bestimmt sich nach den bestehenden allgemeinen Strafgesetzen.

Ist die Druckschrift eine periodische, so ist der verantwortliche Redakteur als Thäter zu bestrafen, wenn nicht durch besondere Umstände die Annahme seiner Thäterschaft ausgeschlossen wird.

§. 21.

Begründet der Inhalt einer Druckschrift den Thatbestand einer strafbaren Handlung, so sind
der verantwortliche Redakteur,
der Verleger,
der Drucker,
derjenige, welcher die Druckschrift gewerbsmäßig vertrieben oder sonst öffentlich verbreitet hat (Verbreiter),
soweit sie nicht nach §. 20 als Thäter oder Theilnehmer zu bestrafen sind, wegen Fahrlässigkeit mit Geldstrafe bis zu eintausend Mark oder mit Haft oder mit Festungshaft oder Gefängniß bis zu einem Jahre zu belegen, wenn sie nicht die Anwendung der pflichtgemäßen Sorgfalt oder Umstände nachweisen, welche diese Anwendung unmöglich gemacht haben.

Die Bestrafung bleibt jedoch fur jede der benannten Personen ausgeschlossen, wenn sie als den Verfasser oder den Einsender, mit dessen Einwilligung die Veröffentlichung geschehen ist, oder, wenn es sich um eine nicht periodische Druckschrift handelt, als den Herausgeber derselben, oder als einen der in obiger Reihenfolge vor ihr Benannten eine Person bis zur Verkündigung des ersten Urtheils nachweist, welche in dem Bereich der richterlichen Gewalt eines deutschen Bundesstaats sich befindet, oder falls sie verstorben ist, sich zur Zeit der Veröffentlichung befunden hat; hinsichtlich des Verbreiters ausländischer Druckschriften außerdem, wenn ihm dieselben im Wege des Buchhandels zugekommen sind.

IV. Verjährung.

§. 22.

Die Strafverfolgung derjenigen Verbrechen und Vergehen, welche durch die Verbreitung von Druckschriften strafbaren Inhalts begangen werden, sowie derjenigen sonstigen Vergehen, welche in diesem Gesetze mit Strafe bedroht sind, verjährt in sechs Monaten.

V. Beschlagnahme.

§. 23.

Eine Beschlagnahme von Druckschriften ohne richterliche Anordnung findet nur statt:

1. wenn eine Druckschrift den Vorschriften der §§. 6 und 7 nicht entspricht, oder den Vorschriften des §. 14 zuwider verbreitet wird,
2. wenn durch eine Druckschrift einem auf Grund des §. 15 dieses Gesetzes assenen Verbot zuwider gehandelt wird,

3. wenn der Inhalt einer Druckschrift den Thatbestand einer der in den §§. 85, 95, 111, 130 oder 184 des deutschen Strafgesetzbuchs mit Strafe bedrohten Handlungen begründet, in den Fällen der §§. 111 und 130 jedoch nur dann, wenn dringende Gefahr besteht, daß bei Verzögerung der Beschlagnahme die Aufforderung oder Anreizung ein Verbrechen oder Vergehen unmittelbar zur Folge haben werde.

§. 24.

Ueber die Bestätigung oder Aufhebung der vorläufigen Beschlagnahme hat das zuständige Gericht zu entscheiden.

Diese Entscheidung muß von der Staatsanwaltschaft binnen vierundzwanzig Stunden nach Anordnung der Beschlagnahme beantragt und von dem Gericht binnen vierundzwanzig Stunden nach Empfang des Antrags erlassen werden.

Hat die Polizeibehörde die Beschlagnahme ohne Anordnung der Staatsanwaltschaft verfügt, so muß sie die Absendung der Verhandlungen an die letztere ohne Verzug und spätestens binnen zwölf Stunden bewirken. Die Staatsanwaltschaft hat entweder die Wiederaufhebung der Beschlagnahme mittelst einer sofort vollstreckbaren Verfügung anzuordnen, oder die gerichtliche Bestätigung binnen zwölf Stunden nach Empfang der Verhandlungen zu beantragen.

Wenn nicht bis zum Ablaufe des fünften Tages nach Anordnung der Beschlagnahme der bestätigende Gerichtsbeschluß der Behörde, welche die Beschlagnahme angeordnet hat, zugegangen ist, erlischt die letztere und muß die Freigabe der einzelnen Stücke erfolgen.

§. 25.

Gegen den Beschluß des Gerichts, welcher die vorläufige Beschlagnahme aufhebt, findet ein Rechtsmittel nicht statt.

§. 26.

Die vom Gericht bestätigte, vorläufige Beschlagnahme ist wieder aufzuheben, wenn nicht binnen zwei Wochen nach der Bestätigung die Strafverfolgung in der Hauptsache eingeleitet worden ist.

§. 27.

Die Beschlagnahme von Druckschriften trifft die Exemplare nur da, wo dergleichen zum Zwecke der Verbreitung sich befinden. Sie kann sich auf die zur Vervielfältigung dienenden Platten und Formen erstrecken; bei Druckschriften im engeren Sinne hat auf Antrag des Betheiligten statt Beschlagnahme des Satzes das Ablegen des letzteren zu geschehen.

Bei der Beschlagnahme sind die dieselbe veranlassenden Stellen der Schrift unter Anführung der verletzten Gesetze zu bezeichnen. Trennbare Theile der Druckschrift (Beilagen einer Zeitung 2c.), welche nichts Strafbares enthalten, sind von der Beschlagnahme auszuschließen.

§. 28.

Während der Dauer der Beschlagnahme ist die Verbreitung der von derselben betroffenen Druckschrift oder der Wiederabdruck der die Beschlagnahme veranlassenden Stellen unstatthaft.

Wer mit Kenntniß der verfügten Beschlagnahme dieser Bestimmung entgegenhandelt, wird mit Geldstrafe bis fünfhundert Mark oder mit Gefängniß bis zu sechs Monaten bestraft.

§. 29.

Zur Entscheidung über die durch die Presse begangenen Uebertretungen sind die Gerichte auch in denjenigen Bundesstaaten ausschließlich zuständig, wo zur Zeit noch deren Aburtheilung den Verwaltungsbehörden zusteht.

Abs. 2, durch §. 142 d. G.V.G. gegenstandslos geworden, lautet:

Soweit in einzelnen Bundesstaaten eine Mitwirkung der Staatsanwaltschaft bei den Gerichten unterster Instanz nicht vorgeschrieben ist, sind in den Fällen der ohne richterliche Anordnung erfolgten Beschlagnahme die Akten unmittelbar dem Gericht vorzulegen.

VI. Schlußbestimmungen.

§. 30.

Die für Zeiten der Kriegsgefahr, des Krieges, des erklärten Kriegs-(Belagerungs-)Zustandes oder innerer Unruhen (Aufruhrs) in Bezug auf die Presse bestehenden besonderen gesetzlichen Bestimmungen bleiben auch diesem Gesetze gegenüber bis auf Weiteres in Kraft.

Das Recht der Landesgesetzgebung, Vorschriften über das öffentliche Anschlagen, Anheften, Ausstellen, sowie die öffentliche, unentgeltliche Vertheilung von Bekanntmachungen, Plakaten und Aufrufen zu erlassen, wird durch dieses Gesetz nicht berührt.

Dasselbe gilt von den Vorschriften der Landesgesetze über Abgabe von Freiexemplaren an Bibliotheken und öffentliche Sammlungen.

Vorbehaltlich der auf den Landesgesetzen beruhenden allgemeinen Gewerbesteuer findet eine besondere Besteuerung der Presse und der einzelnen Preßerzeugnisse (Zeitungs- und Kalenderstempel, Abgaben von Inseraten ꝛc.) nicht statt.

§. 31.

Dieses Gesetz tritt am 1. Juli 1874 in Kraft. Seine Einführung in Elsaß-Lothringen bleibt einem besonderen Gesetze vorbehalten.

Urkundlich unter Unserer Höchsteigenhändigen Unterschrift und beigedrucktem Kaiserlichen Insiegel.

Gegeben Berlin, den 7. Mai 1874.

(L. S.) Wilhelm.

Fürst v. Bismarck.

Verweisung auf die Seiten der Erläuterungen.

I. Einleitung.

Die Verfassungsurkunde für den Preußischen Staat bestimmt in Artikel 27:

Jeder Preuße hat das Recht, durch Wort, Schrift, Druck und bildliche Darstellung seine Meinung frei zu äußern.

Die Censur darf nicht eingeführt werden; jede andere Beschränkung der Preßfreiheit nur im Wege der Gesetzgebung.

In Artikel 28:

Vergehen, welche durch Wort, Schrift, Druck oder bildliche Darstellung begangen werden, sind nach den allgemeinen Strafgesetzen zu bestrafen.

Von der im Art. 27 zugelassenen Beschränkung der Preßfreiheit wurde durch das Preußische Gesetz über die Presse vom 12. Mai 1851 Gebrauch gemacht, an dessen Stelle, nachdem durch das Gesetz, betreffend die Verfassung des Deutschen Reiches, Art. 4 Nr. 16, die Bestimmungen über die Presse der Beaufsichtigung seitens des Reiches und der Gesetzgebung desselben unterworfen worden sind, das Reichspreßgesetz getreten ist, soweit nicht durch die landesgesetzlichen Bestimmungen geregelte Materien unberührt geblieben sind. Daher sagt auch §. 1 des Reichspreßgesetzes: „Die Freiheit der Presse unterliegt nur denjenigen Beschränkungen, welche durch das gegenwärtige Gesetz vorgeschrieben oder zugelassen sind". Es ist deshalb ein polizeiliches Einschreiten gegen Anpreisungen (Reklamen) mittelst Druckschriften außerhalb des Rahmens des Preßgesetzes unstatthaft, wie das Oberverwaltungsgericht am 10. 6. 1895 entschieden hat (s. Preuß. Verwaltungsblatt, Jahrgang 1895/96, S. 114).

§. 1.

Die unter das Preßgesetz fallenden Delikte unterscheiden sich a) in Uebertretungen der preßpolizeilichen Formvorschriften und b) in die eigentlichen Preßdelikte, d. h. Handlungen, deren Strafbarkeit durch den Inhalt einer Druckschrift begründet wird, und für deren Verantwortlichkeit die bestehenden allgemeinen Strafgesetze maßgebend sind (§. 20 des Preßgesetzes). Während die die Ordnung der Presse behandelnden Formvorschriften unter den Begriff des „Preßpolizeirechts" fallen und die sie verletzenden Handlungen als Preßpolizeidelikte zu bezeichnen sind, handelt von den eigentlichen, unter b genannten Preßdelikten das Preßstrafrecht, als der Inbegriff der rechtlichen Normen über die Bestrafung dieser Preßdelikte. Letztere stellen sich als der unter Strafe gestellte Mißbrauch der Preßfreiheit dar, sind an und für sich strafbare Handlungen, die zu Preßdelikten dadurch werden, daß sie „mittelst der Presse", d. h. durch Druckschriften im Sinne dieses Gesetzes begangen, und daß selbstverständlich diese Druckschriften veröffentlicht werden.

§. 2.

Druckschrift.

Das Reichspreßgesetz bestimmt in §. 2, daß dasselbe Anwendung findet:

1. auf alle Erzeugnisse der Buchdruckerpresse;
2. auf alle anderen, durch mechanische oder chemische Mittel bewirkten, zur Verbreitung bestimmten Vervielfältigungen von Schriften;

8. a) auf alle bildlichen Darstellungen mit oder ohne Schrift;
b) auf alle Musikalien mit Text oder Erläuterungen.

In allen Fällen ist aber wesentliche Voraussetzung, daß die Druckschrift — als solche gelten im weiteren Sinne sämmtliche vorstehend genannten Fälle — „zur Veröffentlichung bestimmt ist“. Nur unter dieser Voraussetzung kann eine Druckschrift unter das Preßrecht fallen, als Druckschrift im Sinne des Preßgesetzes gelten. Wie aus den Worten „zur Verbreitung, d. h. Veröffentlichung bestimmt“ hervorgeht, handelt es sich hierbei um eine noch nicht veröffentlichte Druckschrift, um eine solche, welche erst für diesen Zweck hergestellt ist. Die einzelnen preßgesetzlichen Vorschriften können erst in Anwendung kommen, wenn die Verbreitung — gewerbsmäßige oder nicht gewerbsmäßige — auch thatsächlich erfolgt ist. Es ist daher die thatsächliche Veröffentlichung zum Eintritt der preßrechtlichen Wirkungen erforderlich, zum Begriff der Druckschrift im Sinne des Preßgesetzes aber die Bestimmung zur Veröffentlichung.

Was ist eine Druckschrift?

Zum Begriff der Druckschrift gehören zwei Merkmale:
a) ihrem Inhalte nach: Gedankenäußerung;
b) der äußeren Form nach: Wiedergabe mittelst der Buchdruckerpresse.

Sind diese beiden Merkmale für den Begriff der Druckschrift im Allgemeinen wesentliche, so daß beide vorhanden sein müssen, um von einer Druckschrift reden zu können, so kommt zu diesen als drittes Moment hinzu, daß die Druckschrift zur Verbreitung bestimmt sein muß, um sie als Druckschrift im Sinne des Preßgesetzes behandeln zu können.

Den Druckschriften im engeren Sinne, also den

mittelst der Buchdruckerpresse hergestellten Schriften, stellt der Gesetzgeber die oben unter Nr. 2 angeführten Vervielfältigungen, sowie die zu Nr. 3 näher bezeichneten Darstellungen gleich.

Was ist unter Verbreitung zu verstehen?

Der Gesetzgeber selbst giebt die Definition hierfür. Er bestimmt im §. 3: Als Verbreitung einer Druckschrift im Sinne dieses Gesetzes gilt auch das Anschlagen, Ausstellen oder Auslegen derselben an Orten, „wo sie der Kenntnißnahme durch das Publikum zugänglich ist".

Verbreiten heißt demnach, eine Druckschrift der Kenntnißnahme durch das Publikum zugänglich machen. Daraus ergiebt sich, daß die Verbreitung immer eine öffentliche (Kenntnißnahme durch das „Publikum") sein muß, die Druckschrift muß jedermann zugänglich sein.

Druckschriften, welche für den Privatgebrauch, sei es eines Einzelnen, sei es einer vorher abgegrenzten Mehrheit, bestimmt sind, können daher nicht unter die Bestimmungen des Preßgesetzes fallen, ebensowenig die vertrauliche Mittheilung einer Druckschrift, auch wenn diese Mittheilung an eine Mehrheit, die natürlich eine begrenzte sein muß, geschieht. Selbstverständlich „darf die Zahl der Freunde und Bekannten" — wie Berner in seinem Lehrbuch über das deutsche Preßrecht mit Recht hervorhebt — „nicht eine so große werden, daß sich die Grenze zwischen ihnen und dem Publikum verwischt, die Schrift also dennoch in Wahrheit in die Oeffentlichkeit gelangt."

Es genügt für den Begriff der Verbreitung, daß die Druckschrift zugänglich gemacht ist. Es ist also nicht nothwendig, daß das Publikum von ihr auch Kenntniß genommen hat, die Möglichkeit, Kenntniß zu nehmen, reicht hin.

Ein weiteres Erforderniß endlich ist, daß die Druckschrift selbst verbreitet wird. Besteht die Druckschrift aus

Inhalt und Körper, so muß auch beides verbreitet werden, soll von der Verbreitung einer Druckschrift die Rede sein. Die mündliche Mittheilung einer Druckschrift ist keine unter das Preßgesetz fallende Druckschrift.

Ob die Verbreitung eine gewerbsmäßige oder nicht gewerbsmäßige ist, hat auf den Begriff der Verbreitung keinen Einfluß. Die preßgesetzlichen Vorschriften beziehen sich sowohl auf die gewerbsmäßige, als auch auf die nichtgewerbsmäßige Verbreitung. Der gewerbsmäßige Betrieb wird außerdem noch durch die Gewerbeordnung geregelt.

Daß die Abgabe eines Pflichtexemplars an die Polizeibehörde keine Verbreitung sein kann, versteht sich wohl von selbst.

Das Anschlagen, Ausstellen oder Auslegen von Druckschriften kann ebenfalls nur als Verbreitung angesehen werden, wenn hierdurch der Inhalt der Druckschrift dem Publikum, d. h. öffentlich zugänglich gemacht wird.

Die Bekanntgabe des Titels ist ebenso wenig Verbreitung, wie das Anheften einer Druckschrift, von deren Inhalt trotzdem das Publikum nicht Kenntniß nehmen kann.

Hervorzuheben ist noch, daß alle Handlungen, mögen sie sonst auch die Merkmale der Verbreitung enthalten, als Verbreitung im Sinne des Preßgesetzes nur dann zu betrachten sind, wenn sie das Publikum tangiren, wenn sie den Zweck haben, die Druckschriften der Kenntnißnahme durch das Publikum zugänglich zu machen. Die Uebersendung von Druckschriften durch den Drucker an den Verleger, vom Redakteur an die Expedition kann nicht als Verbreitung angesehen werden.

Am Ende dieses Paragraphen seien noch eine Anzahl von Reichsgerichts-Entscheidungen angeführt, da die Erkenntnisse des höchsten Gerichtshofes für die Handhabung der preßgesetzlichen Bestimmungen auch seitens des Polizeibeamten von größter Wichtigkeit sind, indem sie ihm hierfür zur Richtschnur dienen.

„Photographien sind Druckschriften im Sinne des Preßgesetzes.“ Entscheidung vom 29. Juni 1881, Band IV d. Entsch., S. 362.

„In der Abgabe des sogenannten Pflichtexemplars an die Polizeibehörde liegt keine Verbreitung.“

„Dagegen kann in der Aushändigung einer Anzahl Exemplare an den Verfasser eine Verbreitung angesehen werden.“ Das Erkenntniß führt darüber Folgendes aus: „Mag diese Aushändigung auch auf einer Verabredung und vor dem Drucke getroffenen vertragsmäßigen Verpflichtung beruhen, so wird dadurch der Erfolg nicht beseitigt, daß in Ermangelung besonderer Nebenverabredungen sich darin der Wille des Angeklagten offenbart, daß durch Vermittelung des Verfassers auch dritte, unbestimmt wie viele Personen von dem Inhalt der Schrift Kenntniß nehmen, und an diesem Erfolge kann es auch nichts ändern, ob dem Akte der Verbreitung eine Vertragspflicht oder ein freiwilliges Geschenk zu Grunde liegt, da auch erstere der Handlung den Charakter einer freiwillig übernommenen nicht benehmen würde.“ Entsch. des Reichsgerichts v. 28. September 1880, Bd. II der Entsch., S. 270.

„Eine Druckschrift verbreitet öffentlich nicht bloß derjenige, welcher persönlich in einer Weise, daß das Publikum sich bei der Erlangung betheiligen kann, die Vertheilung bewirkt, sondern auch derjenige, welcher sich dazu als Organ seines Willens, insbesondere seines Auftrages, der Thätigkeit eines Dritten bedient.“ Entsch. d. Reichsgerichts vom 9. Juli 1880, Bd. 2, S. 216.

„In der Uebersendung einer Schrift mit der Aufforderung an den Empfänger, von dem Inhalte Kenntniß zu nehmen, und sodann die Schrift, wenn auch nicht im Originale, so doch in handschriftlicher oder hektographischer Vervielfältigung an eine nicht begrenzte Zahl von Personen weiterzugeben, ist eine Verbreitung einer Schrift im Sinne des § 110 des Strafgesetzbuches zu erblicken.“

Entscheidung des Reichsgerichts vom 28. September 1888, Bd. IX der Entsch., S. 71.

„Das bloße Vorlesen ist kein Verbreiten im Sinne des Preßgesetzes.“ Entscheidung des Reichsgerichts vom 28. Dezember 1886, Bd. XV, S. 118.

„Der Begriff des Verbreitens erfordert nicht die Absicht, die Druckschrift auch noch anderen Personen zugänglich zu machen; vielmehr genügt das Bewußtsein, daß sie auch noch an andere gelangen können oder werden.“ Entscheidung vom 5. Juli 1887, Bd. XVI, S. 176.

„Verbreitung einer Schrift ist die Thätigkeit, die Handlung, durch welche sie aus dem engen Kreise des Verfassers, Verlegers, Druckers u. s. w., in welchem sie sich zuerst befindet, heraus in einen größeren, wenn auch nach Zahl und Individualität bestimmten Personenkreis gebracht und diesem zugänglich gemacht wird. Nach dem vom Reichsgericht konstant festgehaltenen Rechtsgrundsatze reicht dazu die Zustellung oder Mittheilung einer Schrift auch an *eine* Person dann aus, wenn dabei die Absicht des Uebergebenden vorgelegen hat, daß der Empfänger die Druckschrift durch Weitergabe auch einem größeren Personenkreise zugänglich mache. Entscheidend für den Begriff ist danach außer der Uebertragung des Gewahrsams an einen Andern die *Absicht*, die Schrift dadurch in Umlauf zu setzen und zwar auf breiter Grundlage.“

„Auch die *begonnene* Verbreitung ist Verbreitung und wenn die Verbreitung durch Versendung mit der Post erfolgt, beginnt die Verbreitung mit der Versendung; die Versendung ist Verbreitung, die sich mit der Aufgabe zur Post vollzieht. Wie es da, wo sich die Verbreitung durch Mittheilung *an eine Person* vollzieht, es nicht darauf ankommt, daß die Schrift auch in die Hände der *letzten Person* gelangte, welche, soweit es sich um die Absicht handelt, noch als wesentlicher Faktor für die Annahme einer beabsichtigten Ausbreitung in Betracht kommt, sobald nur die Absicht des Inverkehrbringens auf breiter Grundlage vorliegt — so wenig kann es bei der Versendung für den Begriff der Verbreitung darauf ankommen, daß die Schrift in die Hände des Adressaten auch wirklich gelangt. Selbst wenn dies nicht möglich war, weil er nicht zu ermitteln, oder wenn der Adressat die Annahme ablehnt oder die empfangene Sendung uneröffnet zurückgiebt oder selbst nach Ablieferung zur Post die Versendungsthätigkeit der Post gehindert wird, bleibt die begonnene Verbreitung bestehen. Die Versendung ist eben begonnene Verbreitung und diese umfaßt im allgemeinen sprachlichen Sinn wie im Sinne des Gesetzes sowohl die Verbreitungsthätigkeit, das Verbreiten, wie die Verbreitung als Ergebniß dieser Thätigkeit, ohne aber solch' Ergebniß für den Begriff zu fordern."

„Der Begriff der Oeffentlichkeit, wo er Thatbestandsmerkmal einer mit Strafe bedrohten Handlung ist, wird durch die Verbreitung allein nicht hergestellt, die öffentlich sein kann aber nicht muß, und öffentlich nur da ist, wo sie nach der Absicht des Thäters die Schrift nicht bloß einem größeren Personenkreise, sondern unbestimmt wem und wie vielen Personen, d. h. dem Publikum, zugänglich machen soll, wenn dies auch nur das Publikum einer bestimmten Klasse ist und hierzu auch geeignet ist." Entscheid. des Reichsgerichts vom 10. Oktober 1887, Bd. XVI S. 245.

„Beihülfe zur Verbreitung von Druckschriften ist in der Annahme derselben mit der ausgesprochenen Absicht zu erblicken, dieselben an den Adressaten weiter zu befördern." Entscheid. des Reichsgerichts vom 7. Mai 1888, Bd. 17, S. 384.

§. 3.

Bevor der Gesetzgeber zu den Vorschriften über die Ordnung der Presse übergeht, erläßt er noch Bestimmungen über den selbstständigen Betrieb des Preßgewerbes und außerdem noch über die nichtgewerbsmäßige Verbreitung von Druckschriften. Er bestimmt im §. 4 des Preßgesetzes, „daß eine Entziehung der Befugniß zum selbstständigen Betriebe irgend eines Preßgewerbes oder sonst zur Herausgabe und zum Vertriebe von Druckschriften weder im administrativen noch im richterlichen Wege stattfinden kann, im Uebrigen für den Betrieb der Preßgewerbe die Bestimmungen der Gewerbeordnung maßgebend sind".

Im §. 5 des Preßgesetzes giebt er der Ortspolizeibehörde die Befugniß, die nichtgewerbsmäßige Verbreitung von Druckschriften denjenigen Personen zu verbieten, welchen nach § 57 der Gewerbeordnung ein Legitimationsschein versagt werden darf; und bestimmt außerdem, daß Zuwiderhandlungen gegen ein solches Verbot nach § 148 der Gewerbeordnung bestraft werden.

Selbstständiger Betrieb.

Selbstständig ist der Betrieb, welcher für eigene Rechnung und auf eigene Verantwortlichkeit geführt wird.

Preßgewerbe.

Ist Gewerbebetrieb im Sinne der Gewerbeordnung diejenige dem Gebiete der Landwirthschaft nicht angehörige fortgesetzte im eigenen Namen ausgführte Erwerbsthätigkeit, welche ihrem Wesen nach auf Erzielung eines Gewinnes für eigene Rechnung (für den Unternehmer selbst) gerichtet ist — siehe Neukamp, die Reichsgewerbeordnung —, so ist das Preßgewerbe derjenige Gewerbebetrieb in dem eben dargelegten Sinne, welcher sich mit der Herstellung und dem Vertriebe, d. h. dem Verkaufe, dem Umsatze von Druckschriften befaßt und durch diese Thätigkeit einen Gewinn für eigene Rechnung zu erzielen beabsichtigt.

§. 14 der Gewerbeordnung zählt eine Anzahl Preßgewerbe auf, nämlich: Buch- und Steindrucker, Buch- und Kunsthändler, Antiquare, Leihbibliothekare, Inhaber von Lesekabinetten, Verkäufer von Druckschriften, Zeitungen und Bildern.

§. 5 des Preßgesetzes, welcher von der nicht gewerbsmäßigen, aber selbstverständlich „öffentlichen" Verbreitung von Druckschriften handelt, hat durch §. 48 Abs. 6 der Gewerbeordnung eine Aenderung erfahren, indem an Stelle des angezogenen § 57 der Gewerbeordnung die §§ 57 Nr. 1, 2, 4, 57a, 57b Nr. 1 und 2 derselben (nach ihrer neuen Fassung) getreten sind.

Diese Bestimmungen lauten:

„§. 57: Der Wandergewerbeschein ist zu versagen:

1. wenn der Nachsuchende mit einer abschreckenden oder ansteckenden Krankheit behaftet oder in einer abschreckenden Weise entstellt ist;
2. wenn er unter Polizeiaufsicht steht;
4. wenn er wegen gewohnheitsmäßiger Arbeitsscheu, Bettelei, Landstreicherei, Trunksucht übel berüchtigt ist.

§. 57a: Der Wandergewerbeschein ist in der Regel zu versagen:

1. wenn der Nachsuchende das 25. Lebensjahr noch nicht vollendet hat;
2. wenn er blind, taub oder stumm ist oder an Geistesschwäche leidet.

§. 57b: Der Wandergewerbeschein darf außerdem nur dann versagt werden:

1. wenn der Nachsuchende im Inlande einen festen Wohnsitz nicht hat;
2. wenn er wegen strafbarer Handlungen aus Gewinnsucht, gegen das Eigenthum, gegen die Sittlichkeit, wegen vorsätzlicher Angriffe auf das Leben und die Gesundheit der Menschen, wegen Hausfriedensbruchs, wegen Widerstands gegen die Staatsgewalt, wegen vorsätzlicher Brandstiftung, wegen Zuwiderhandlungen gegen Verbote oder Sicherungsmaßregeln, betreffend Einführung oder Verbreitung ansteckender Krankheiten oder Viehseuchen, zu einer Freiheitsstrafe von mindestens einer Woche ver-

urtheilt ist, und seit der Verbüßung der Strafe fünf Jahre noch nicht verflossen sind."

Liegt also eine dieser Voraussetzungen vor, so kann die Ortspolizeibehörde den öffentlichen Vertrieb von Druckschriften verbieten. Wohlgemerkt kommt hier nur der nichtgewerbsmäßige Vertrieb in Betracht. Was unter Vertrieb zu verstehen ist, s. oben unter §. 2.

Im Anschluß hieran müssen auch die Bestimmungen über den gewerbsmäßigen Vertrieb (Verbreitung) von Druckschriften erörtert werden, zumal diese Bestimmungen zum Theil auch auf den nicht gewerbsmäßigen Vertrieb Anwendung finden.

§. 48 der Gewerbeordnung bestimmt:

„Wer gewerbsmäßig Druckschriften oder andere Schriften oder Bildwerke auf öffentlichen Wegen, Straßen, Plätzen oder anderen öffentlichen Orten ausrufen, verkaufen, vertheilen, anheften oder anschlagen will, bedarf dazu einer Erlaubniß der Ortspolizeibehörde, und hat den über diese Erlaubniß auszustellenden, auf seinen Namen lautenden Legitimationsschein bei sich zu führen.

Auf die Ertheilung und Versagung der Erlaubniß finden die Vorschriften der §§. 57 Nr. 1, 2, 4, 57a, 57b Nr. 1 und 2 und 63 Abs. 1 entsprechende Anwendung. Auf das bloße Anheften und Anschlagen findet der Versagungsgrund der abschreckenden Entstellung keine Anwendung.

Zur Vertheilung von Stimmzetteln und Druckschriften zu Wahlzwecken bei der Wahl zu gesetzgebenden Körperschaften ist eine polizeiliche Erlaubniß in der Zeit von der amtlichen Bekanntmachung des Wahltages bis zur Beendigung des Wahlaktes nicht erforderlich.

Dasselbe gilt auch bezüglich der nichtgewerbsmäßigen Vertheilung von Stimmzetteln und Druckschriften zu Wahlzwecken.

In geschlossenen Räumen ist zur nichtgewerbsmäßigen

Vertheilung von Druckschriften oder anderen Schriften oder Bildwerken eine Erlaubniß nicht erforderlich.

An die Stelle des im §. 5 Abs. 1 des Preßgesetzes vom 7. Mai 1874 angezogenen §. 57 der Gewerbeordnung treten die Bestimmungen der §§. 57 Nr. 1, 2, 4, 57a, 57b Nr. 1 und 2 des gegenwärtigen Gesetzes."

All' diese Bestimmungen in Abs. 1—3 des §. 43 der Gewerbeordn. beziehen sich auf die gewerbsmäßige öffentliche Verbreitung von Druckschriften ohne Rücksicht darauf, ob diese selbst den Vorschriften des Preßgesetzes entsprechen oder nicht.

Zu den geschlossenen Räumen im Sinne des Abs. 5 des § 43 l. c. gehören auch Kirchen und Wirthschaften, überhaupt öffentliche Lokale.

Uebrigens siehe auch unten §. 17 über das öffentliche Anschlagen, Anheften, Ausstellen, sowie die öffentliche, unentgeltliche Vertheilung von Bekanntmachungen, Plakaten und Aufrufen.

II. Die Ordnung der Presse.

§. 4.

Bestimmungen für sämmtliche Druckschriften.

Der Gesetzgeber bestimmt, daß auf jeder innerhalb des Deutschen Reiches — mit Ausnahme von Elsaß-Lothringen — erscheinenden Druckschrift (im Sinne des Preßgesetzes; siehe oben) der Name und Wohnort des Druckers angegeben sein muß. Hierbei handelt es sich um Druckschriften, die nicht für die gewerbsmäßige Verbreitung bestimmt sind. Denn für die hierfür bestimmten Druckschriften fordert das Gesetz nicht bloß den Namen und Wohnort des Druckers, sondern außerdem noch Namen und Wohnort des Verlegers oder — beim Selbstvertriebe der Druckschrift — des Verfassers oder Verlegers. An Stelle des Namens des Druckers oder Verlegers genügt die Angabe der in das Handelsregister eingetragenen Firma.

Vorschriften für die zur gewerbsmäßigen Verbreitung bestimmten Druckschriften.

Der Rahmen für die 2. Klasse der Druckschriften ist vom Gesetzgeber mit den Worten gegeben: „wenn sie — die Druckschriften — für den Buchhandel oder sonst zur Verbreitung bestimmt sind.“ Da der Buchhandel sich mit der gewerbsmäßigen Verbreitung befaßt, so kann unter „oder sonst zur Verbreitung bestimmt sind“ ebenfalls nur die gewerbsmäßige Verbreitung gemeint sein. Andernfalls wäre die Theilung in 2 Klassen unverständlich, da Druckschriften von vornherein zur Verbreitung bestimmt sein müssen, um sie überhaupt den Bestimmungen des Preßgesetzes unterwerfen zu können. Außerdem beweist es auch die Fassung des Wortlautes der einschlägigen preßgesetzlichen Bestimmung, indem der „Bestimmung für den Buchhandel“ die Bestimmung des „sonstigen Verbreitung“ zur Seite, gleichgestellt ist. Es sind demnach die Druckschriften, welche zur gewerbsmäßigen Verbreitung bestimmt sind, denjenigen gegenübergestellt, welche zur nichtgewerbsmäßigen Verbreitung bestimmt sind. Bei letzteren genügt also die Angabe von Name und Wohnort des Druckers, bei ersteren muß nicht bloß diese Angabe gemacht, sondern auch Name und Wohnort des Verlegers bezw. des Verfassers oder Herausgebers genannt sein.

Name und Wohnort der auf der Druckschrift anzugebenden Personen.

Es muß der bürgerliche Name angegeben sein, der Name, welchen eine Person nach den bürgerlichen Gesetzen zu führen berechtigt ist.

Wenn im Gesetze es auch nicht ausdrücklich verlangt

ist, daß zur Unterscheidung von anderen Personen gleichen Namens ein, nothwendigenfalls mehrere Vornamen anzugeben sind, so ergiebt sich doch die Berechtigung dieser Forderung aus dem Zwecke der Bestimmung selbst. Dasselbe gilt auch bezüglich des anzugebenden Wohnortes.

Unter Wohnort ist im allgemeinen der Ort zu verstehen, wo eine Person wohnt, d. h. ihren Wohnsitz im rechtlichen Sinne hat, also der Sitz, die Centrale seiner Thätigkeit. Es wird daher bei Verschiedenheit des Ortes der Wohnung und des Gewerbebetriebs der letztere — der Druckort, der Verlagsort — zu nennen sein.

An welcher Stelle Name und Wohnort des Druckers, u. s. w. anzugeben sind, hat der Gesetzgeber nicht vorgeschrieben. Jedenfalls haben diese Angaben an leicht erkennbarer Stelle, entweder am Anfange oder Ende einer Druckschrift, ihren Platz zu finden, wie dies übrigens auch bereits allgemein üblich ist.

Da ferner auf jeder Druckschrift (im Sinne des Preßgesetzes natürlich) Name und Wohnort anzugeben sind, so ergiebt sich daraus, daß diese Vorschrift auf jedem für sich, selbstständig erscheinenden Exemplar — Band, Heft — erfüllt sein muß, der andrerseits bei aus Haupt- und Nebenblatt (Beilage) bestehender, zusammen erscheinender Druckschrift genügt ist, wenn die Angabe auf dem Hauptblatt bewirkt, da dadurch der Zweck der Bestimmung vollständig erreicht ist.

Periodische Druckschriften, welche einen wesentlichen Bestandtheil eines anderen Blattes bilden, sind Beilagen des Hauptblattes und bedürfen einer besonderen Benennung eines verantwortlichen Redakteurs nicht." Entscheidung des Reichsgerichts vom 13. Dezember 1895, Bd. 28 der Entscheidungen.

Die Momente der Beilage: „Für die Prüfung kommt die gleichzeitige und gemeinsame Ausgabe an denselben Personenkreis oder einen Theil dieses Kreises in Betracht. Außerdem kommt in Frage, ob das durch derartige Umstände herbeigeführte Verhältniß des Beiliegens auf den Willen desjenigen zurückzuführen ist, welchem die Leitung des Hauptblattes obliegt." Entscheidung des Reichsgerichts vom 22. Sept. 1882, Bd. 7, S. 45.

Daß Name und Wohnort nicht bloß mit den Anfangsbuchstaben, sondern vollständig ausgeschrieben angegeben werden müssen, bedarf wohl ebenso wenig der besonderen Erörterung, als daß nur eine Druckerei, eine Verlagsbuchhandlung angegeben werden können, da eine Druckerei u. s. w. sich nicht an mehreren Orten befinden kann.

„Wenn bei der Herstellung einer Druckschrift mehrere Drucker selbstständig betheiligt sind, muß der Name und Wohnort eines jeden derselben auf der Druckschrift genannt werden. Entscheidung des Reichsgerichts vom 20. Februar 1891, Bd. 21 der Entsch., S. 360.

„Ist auf der ersten Seite einer Druckschrift der Verleger ausdrücklich benannt, während am Schluß der Schrift unter dem Texte, äußerlich von diesem getrennt, die in das Handelsregister eingetragene Firma des Druckers sich befindet, so ist der Vorschrift des §. 6 des Preßgesetzes bezüglich der Angabe des Namens des Druckers genügt. Eine ausdrückliche Bezeichnung des Druckers als Drucker oder der Firma als Druckerei oder ein Zusatz wie „gedruckt bei" ist nicht erforderlich." Entscheidung des Kammergerichts v. 11. Oktober 1897, Goldammer Archiv, Band 45, S. 376.

Wer ist Drucker?

Kloeppel in seinem Reichspreßrecht nennt Drucker im Sinne des Reichspreßgesetzes denjenigen, welcher die Herstellung des Körpers der Druckschrift, die Vervielfältigung einer Schrift durch den Druck oder in einer ihm gleichstehenden Weise besorgt. Bei gewerbsmäßiger Ausübung dieser Thätigkeit ist darunter der gewerbliche Unternehmer des Druckereibetriebes zu verstehen, in welchem mit mannigfacher Arbeitstheilung nach getrennten Verrichturgen die Druckschrift hergestellt wird; die einzelnen in besonderen Verrichtungen dazu mitwirkenden Personen werden in die Einheit des Unternehmens zusammengefaßt, für welches der Unternehmer selbst (Inhaber, Eigenthümer) oder dessen gewerblicher Stellvertreter einsteht.

Liszt bezeichnet als Drucker ebenfalls den Inhaber des Druckereigewerbes.

„Drucker ist diejenige Person, welche den Druck einer selbstständigen Druckschrift besorgt, und wird demgemäß der Regel nach als Drucker der Inhaber der Anstalt anzusehen sein, in welcher die Vervielfältigung hergestellt wurde, so folgt daraus nach §. 6 a. a. O., daß die betreffende Person als Drucker auf der Druckschrift anzugeben ist.

Aus den §§. 18, 19 a. a. O. aber läßt sich nicht die Ansicht herleiten, daß nur der Drucker den Vorschriften des §. 6 zuwiderhandeln könne und daß in jedem Falle, wenn objektiv dem §. 6 zuwidergehandelt worden ist, der Inhaber (Mitinhaber) der Druckerei der Schuldige sein und bestraft werden müsse. Denn beide Paragraphen erfordern ein „Zuwiderhandeln" und daraus folgt nach den allgemeinen Strafrechtsgrundsätzen, deren Anwendung das Preßgesetz in der hier fraglichen Beziehung nicht ausschließt, daß Urheber der Zuwiderhandlung derjenige ist, welcher durch sein schuldhaftes Handeln den Thatbestand, welchen das Gesetz reprobiert, verwirklicht."

„Allerdings muß nach dem Sinne und Zwecke der vorwiegend polizeilichen Strafvorschrift des §. 19 angenommen werden, daß nicht lediglich ein vorsätzliches Handeln, welches schon hinsichtlich falscher Angaben unter §. 18 Nr. 2 fällt, sondern auch ein fahrlässiges Verhalten, sofern es kausal gewesen, strafbar ist, und daß mithin der Inhaber der Druckerei sich einer Zuwiderhandlung gegen den §. 19 Nr. 1 schuldig macht, wenn er durch Unachtsamkeit und Nachlässigkeit in Ausübung seiner Berufsthätigkeit als Drucker es veranlaßt, daß die erforderlichen Angaben unterbleiben oder falsch gemacht werden." Entscheidung des Reichsgerichts v. 17. Juni 1887, Bd. 16, S. 144.

Wer ist Verleger?

Nach Berner — Lehrbuch des deutschen Preßrechtes — ist Verleger derjenige, bei welchem die Druckschrift erscheint.

Kloeppel nennt denjenigen Verleger, welcher das Unternehmen der Veröffentlichung einer Druckschrift zum Zwecke ihres gewerbsmäßigen Betriebes umfaßt, gleichviel ob für eigene Rechnung des Unternehmers oder für Rechnung des Verfassers oder Herausgebers gegen bestimmte Geschäftsgewinne (Commissionsverlag).

„Verleger im Sinne des Preßgesetzes ist derjenige, welcher — sei es mit Recht oder ohne Recht — die Verlagsthätigkeit ausgeübt hat. Die Thätigkeit des Verlegers besteht nicht blos in dem Vervielfältigen des Werkes für eigene Rechnung, sondern auch in dem Absatze des fertiggestellten Werkes." Entscheidung des Reichsgerichts vom 9. Juli 1889, Bd. 19, S. 357.

Wer ist Verfasser?

Verfasser einer Druckschrift ist der Urheber einer einen Gedanken wiedergebenden, zu diesem Zwecke niedergeschriebenen und durch die oben in §. 2 näher bezeichneten Mittel vervielfältigten Sprachfassung.

Nach Kloeppel ist Verfasser einer Druckschrift derjenige, welcher ihren Gedankeninhalt in den niedergeschriebenen und abgedruckten Sprachausdruck gebracht hat, und dieses heißt seine „Schrift" ohne Rücksicht darauf, ob er das Manuskript eigenhändig geschrieben hat.

Wer ist Herausgeber?

Wer die Schrift eines Anderen oder eine eigene Schrift in Verbindung mit Schriften Anderer zum Abdruck bereitstellt, heißt Herausgeber der hiernach erscheinenden Druckschrift. (Kloeppel).

Nach Liszt ist Herausgeber derjenige, welcher das Erscheinen einer nicht periodischen Druckschrift vermittelt. Er versieht hier dieselben Funktionen, die bezüglich der periodischen Druckschriften dem Redakteur obliegen.

Ausnahmen von der Verpflichtung, Drucker, Verleger u. s. w., namhaft zu machen.

Von der Vorschrift, auf einer Druckschrift Drucker, Verleger u. s. w. zu nennen, sind ausgenommen:

1. Druckschriften, die nur zu den Zwecken des Gewerbes und Verkehrs, des häuslichen und geselligen Lebens dienen, als: Formulare, Preiszettel, Visitenkarten u. dergl.
2. Stimmzettel für öffentliche Wahlen, sofern sie nichts weiter als Zweck, Zeit und Ort der Wahl und die Bezeichnung der zu wählenden Personen enthalten.

Bei diesen Druckschriften ist also die Angabe des Druckers, Verlegers, u. s. w. nicht nothwendig, da ein Mißbrauch der Preßfreiheit nicht zu befürchten ist.

Ob eine Druckschrift nur diesen Zwecken dient, ist eine quaestio facti (Thatfrage), die in jedem einzelnen Falle der Erörterung bedarf.

„Die Frage, ob eine Druckschrift **nur** zu den Zwecken des Gewerbes und Verkehrs, des häuslichen und geselligen Lebens dient, ist lediglich objektiv nach dem Inhalte und der Beschaffenheit der Druckschrift selbst zu beurtheilen, ohne daß dabei auf die außerhalb der letzteren liegenden und durch diese nicht erkennbar werdenden subjektiven Motive und Absichten der mit Hergabe der Druckschrift befaßten Person Rücksicht zu nehmen sei. Das Preßgesetz, welches von präventiven, die Herausgabe und das Erscheinen von Preßerzeugnissen verhindernden oder verzögernden Maßnahmen absieht, vielmehr auf die Repression der durch die Presse begangenen strafbaren Handlungen sich beschänkt, hat in den §§. 6 ff. nach verschiedenen Richtungen hin die Ordnung der Presse betreffende Vorschriften gegeben, deren wesentlicher Zweck ist, die wirksame Anwendung der Strafgesetze gegen begangene Preßdelikte zu sichern. Aus dem Zwecke der Vorschrift, aus der demselben entsprechenden formellen Natur derselben, ebenso aber aus der Fassung, welche von einem „Dienen der Schrift" selbst zu den bezeichneten Zwecken spricht, folgt ohne Weiteres, daß eben so wie für die Frage, ob der Vorschrift durch die Art, wie die Nennung erfolgt ist, in einer deren Zweck sichernden Weise genügt sei, so auch für Beantwortung der Frage, ob ein konkretes Druckerzeugniß unter die Regel oder unter die Ausnahme fällt, die der Kenntniß der berufenen Beamten und Behörden allein zugängliche äußere Erscheinung und der Inhalt der Druckschrift ausschließlich entscheidend sein muß." Entscheid. d. Reichsgerichts vom 24. Juni 1886, Bd. 14 d. Entscheid., S. 279.

§. 5.

Die Verantwortlichkeit für Verletzung der in §. 4 erörterten Vorschriften.

Wer verpflichtet ist, die im vorhergehenden Paragraphen besprochenen Ordnungsvorschriften zu beobachten, und darum wegen ihrer Verletzung zur Verantwortung zu ziehen, ist im Preßgesetz nicht gesagt.

Auch §. 18 Nr. 2 daselbst sagt nur: Zuwiderhandlungen gegen die Bestimmung des §. 6, welche durch falsche Angaben mit Kenntniß der Unrichtigkeit begangen werden, werden mit Geldstrafe bis zu 1000 Mark oder mit Haft oder mit Gefängniß bis zu sechs Monaten bestraft.

Nach §. 19 Nr. 1 a. a. O. werden Zuwiderhandlungen gegen §. 6, welche nicht durch §. 18 Ziffer 2 getroffen sind, mit Geldstrafe bis zu 150 Mark oder mit Haft bestraft.

Also auch in den Strafbestimmungen ist nicht gesagt, wer zu bestrafen ist. Es ist dies aber auch nicht möglich, weil die Personen, die die Verantwortung zu tragen haben, in den einzelnen Fällen verschieden sein können. Die Frage der Thäterschaft ist natürlich auch hier nach den allgemeinen Strafrechtsgrundsätzen zu beantworten.

Thäter ist derjenige, welcher einen Verstoß gegen eine bestimmte Vorschrift durch sein Verschulden begangen hat.

Im vorliegenden Falle ist also derjenige als Thäter zu bezeichnen, durch dessen Verschulden eine der vorgeschriebenen Ordnungsvorschriften unterlassen worden ist.

In erster Linie wird hierfür der Drucker in Frage kommen, sei es, daß er sich selbst nicht namhaft gemacht hat oder den Verleger u. s. w., auf der Druckschrift dem Publikum verschweigt. Ist nämlich dem Drucker bekannt, welchen Zwecken die in Druck gegebene Schrift dienen soll, dann ist er auch verpflichtet, den Ordnungsvorschriften nachzukommen. Es muß also Verleger u. s. w., sind sie ihm nicht benannt, sich namhaft machen lassen, damit er den gesetzlichen Anforderungen nach dieser Richtung hin entspricht.

Ebenso ist aber auch der Verleger verpflichtet, die Ordnungsvorschriften zu erfüllen und dafür zu sorgen, bevor eine Druckschrift durch gewerbsmäßige Verbreitung der Oeffentlichkeit übergeben wird. Dasselbe gilt vom Verfasser und Herausgeber, wenn es sich um den Selbstvertrieb einer Druckschrift handelt. Immer wird es indessen der Feststellung bedürfen, wer im einzelnen Falle der Verantwortliche ist, ob nur der Drucker, oder der Verleger u. s. w., oder beide zusammen. Und da die Verantwortung einer bestimmten Person für die Beobachtung der Vorschriften sich nicht allgemein festlegen läßt, sondern nur von Fall zu Fall festgestellt werden kann, konnte der Gesetzgeber nur die Strafe für die Verletzung der gegebenen Vorschriften festlegen, ohne, wie z. B. im Vereinsgesetz, ein für alle Male zu bestimmen, wer von den nach §. 6 des Preßgesetzes in Betracht kommenden Personen die Verantwortung zu tragen hat. Entscheidungen der letzten Instanz, insbesondere des Reichsgerichts, hier anzuführen, würde daher nichts Anderes bedeuten, als konkrete Fälle erörtern, in welchen aus bestimmten Gründen, sei es nicht bloß die in §. 6 a. a. O. genannten Personen, sondern vielleicht auch andere Personen zur Verantwortung gezogen werden mußten, ohne daß damit allgemeine, d. h. für alle Fälle geltende Gesichtspunkte zur Sprache kommen, welche so zu sagen als Richtschnur dienen können. Entscheidungen bezüglich der zur Rechenschaft zu ziehenden Person zeigen daher nur, aus welchen Gründen in dem vorliegenden Falle die in Frage kommende Person bestraft oder nicht bestraft worden ist, ohne daß daraus leitende Grundsätze aufgestellt werden können, die auf jeden Fall zur Richtschnur zu nehmen sind. Es bedarf vielmehr, wie schon gesagt, in jedem einzelnen Fall der besonderen Feststellung, wer wegen Verletzung der Vorschrift des §. 6 a. a. O. zur Verantwortung zu ziehen ist. Aus diesem Grunde wird an dieser Stelle von der Citirung einzelner höchstinstanzlicher Entscheidungen Abstand genommen, zumal nicht bloß die Rechtslehrer, die theoretischen Juristen, in ihren Ansichten oft recht weit auseinandergehen, sondern auch die Urtheile der letzten Instanz verschiedene Ansichten zum Ausdruck bringen.

§. 6.

Besondere Vorschriften für periodische Druckschriften.

Periodische Druckschriften, d. h. Zeitungen und Zeitschriften, welchen in monatlichen oder kürzeren, wenn auch unregelmäßigen Fristen erscheinen, müssen außer den im vorigen Paragraphen besprochenen Vorschriften auf jeder Nummer, jedem Stück oder Hefte den Namen und Wohnort des verantwortlichen Redakteurs enthalten.

„Eine Druckschrift — Zeitung oder Zeitschrift — ist nach §. 7 des Preßgesetzes eine periodische Druckschrift im Sinne des Gesetzes, wenn sie in monatlichen oder kürzeren, wenn auch unregelmäßigen Fristen erscheint. Ein weiteres Erforderniß für den Begriff der Periodizität einer Druckschrift stellt das Gesetz nicht auf. Namentlich ist aus demselben dafür nichts zu entnehmen, daß ein „periodisches Erscheinen" einer nach Form und Inhalt sich als Zeitung oder Zeitschrift darstellenden und in wiederkehrenden, monatlichen oder kürzeren Fristen herausgegebenen Druckschrift dann nicht vorliege, wenn von vornherein nach dem Plane der Zeitung oder Zeitschrift deren Erscheinen in einer bestimmten Zahl von Exemplaren und nur für einen im Voraus „bestimmten Zeitraum in das Auge gefaßt ist". Entscheid. des Reichsgerichts vom 24. Juni 1886, Bd. 14 d. Entsch. S. 279.

Unterschied zwischen periodischen Druckschriften und in Abtheilungen erscheinenden Lieferungswerken.

„Die charakteristische Eigenschaft des letzteren liegt darin, daß dasselbe seinen Plan nach einem Abschluß als ein inhaltlich in sich geschlossenes Ganzes zu finden bestimmt ist und mit dem Erscheinen der letzten Lieferung finden muß, während die einzelnen lieferungsweise erscheinenden Abtheilungen einen solchen selbstständigen Charakter nicht haben, sondern nur als unselbstständige Theile des Ganzen in Betracht kommen. Die dem vormaligen preußischen Preßgesetze und mit diesem dem deutschen Preßgesetze zu Grunde liegende preußische Preßverordnung vom 30. Juni 1848 in §. 20 sagt: Unter Zeitschriften werden nur Schriften verstanden, welche blatt- und heftweise erscheinen und ihrem Plane nach nicht bestimmt sind, ein in sich abgeschlossenes Ganzes zu bilden. Die planmäßige oder thatsächlich eintretende Beschränkung der Dauer des Erscheinens berührt nicht die innere Eigenschaft einer Druckschrift als Zeitung oder Zeitschrift, während andrerseits die Periodizität des Er-

scheinens nur voraussetzt, daß, so lange die Zeitschrift oder Zeitung erscheint, dies in den §. 7 Abs. 1 des Preßgesetzes bezeichneten wiederkehrendem Fristen geschieht."
Entscheidung des Reichsgerichts vom 24. Juni 1886 s. oben.

Der Begriff der Zeitung und Zeitschrift.

Nach Berner — Deutsches Preßrecht — „ist der Unterschied zwischen Zeitung und Zeitschrift ohne Belang. Im Grunde ist jede Zeitung eine Zeitschrift. Will man die Zeitungen von anderen Zeitschriften unterscheiden, so kann man den Unterschied nur darin finden, daß jene in Blättern, diese in Heften erscheinen."

Ich kann mich mit dieser äußerlichen Unterscheidung nicht befreunden. Warum soll eine Zeitung den Charakter als solche verlieren, wenn sie zufällig in Heftform erscheint. Die Zeitung ist eine Druckschrift, welche die Tagesnachrichten bringt. Wir finden daher gewöhnlich eine Abtheilung für die Politik, eine andere für allgemeine Ereignisse, eine weitere für die lokalen Vorkommnisse, für die Inserate u. s. w.

Die Zeitschrift ist eine Druckschrift, welche sich vor Allem mit wissenschaftlichen oder belletristischen Abhandlungen befaßt. Bei der Zeitung spielt die Politik, der politische Standpunkt, den sie einnimmt, stets eine wichtige Rolle, während bei der Zeitschrift die Politik außer Ansatz, außer Betracht bleibt.

Periodische Druckschrift.

Nach Liszt liegt in der periodischen Druckschrift begrifflich das Unbegrenzte, der Anspruch auf ewige Dauer, die der einzelnen Nummer den Charakter eines selbstständigen Gliedes in einer endlosen Kette verleiht.

Dem widerspricht die Anschauung des Reichsgerichtes: „Unter Zeitschriften werden nur solche Schriften verstanden, welche blatt- oder heftweise erscheinen und ihrem

Plane nach nicht bestimmt sind, ein in sich abgeschlossenes Ganze zu bilden; und lediglich in diesem Sinne hat positiv als Begriffsmerkmal der Zeitung oder Zeitschrift die Fähigkeit in unbegrenzter ewiger Dauer zu erscheinen, ohne je als Ganzes zu innerlich einheitlichem Abschlusse zu gelangen, bezeichnet werden können. Völlig verfehlt aber ist es, wenn hieraus als Erforderniß für die Annahme des periodischen Erscheinens einer Zeitung abgeleitet werden will, daß im konkreten Falle der Plan bei deren Herausgabe auf ein Erscheinen in ewiger Dauer oder auch nur für eine im Voraus unbegrenzte Zeit gerichtet sein müsse."

Dasselbe Erkenntniß legt die Entscheidung, ob eine Druckschrift unter die Bestimmungen der §§. 6 Abs. 1 und 7 des Preßgesetzes oder unter die Ausnahmen des §. 6 Abs. 2 a. a. O. falle, in die der Kenntniß der Beamten und Behörden allein zugängliche äußere Erscheinung und den Inhalt der Druckschrift", nicht aber „in den aus der Schrift selbst nicht hervorgehenden Zweck, den der Verleger oder Herausgeber erreichen will."

Vorschriften für die periodischen Druckschriften.

Periodische Druckschriften müssen 1. die oben im §. 4 näher erörterten Vorschriften für Druckschriften im Allgemeinen erfüllen, unterliegen aber 2. noch der besonderen Vorschrift, daß auf jeder Nummer, jedem Stück oder Hefte der Name und Wohnort des verantwortlichen Redakteurs angegeben sein muß. Anzugeben ist also einmal: Drucker und Verleger bezw. Verfasser oder Herausgeber, und sodann außerdem noch: der verantwortliche Redakteur (§. 7 des Preßgesetzes). „Die Benennung mehrerer Personen als verantwortliche Redakteure ist nur dann zulässig, wenn aus Form und Inhalt der Benennung mit Bestimmtheit zu ersehen ist, für welchen Theil der Druckschrift jede der benannten Personen die Redaktion besorgt" (§. 7 Abs. 2 a. a. O.).

Wer ist verantwortlicher Redakteur?

„Verantwortlicher Redakteur ist nur derjenige, der diese Stellung mit dem Willen des Unternehmers oder Eigenthümers der Zeitung wirklich bekleidet und kraft derselben darüber zu verfügen hat, ob ein Beitrag wegen strafbaren Inhalts zurückzuweisen ist oder Aufnahme finden kann. Weil er diese Stellung inne hat und deshalb zur Prüfung und Entscheidung berechtigt und verpflichtet ist, stellt das Gesetz in §. 20 Abs. 2 gegen ihn die Vermuthung auf, daß er den Artikel mit Kenntniß und Verständniß des Inhalts veröffentlicht habe, indem er davon ausgeht, daß dies in der Regel der Ausdruck des materiellen Sachverhaltes sei. Die vorgeschriebene Nennung des verantwortlichen Redakteurs aber hat nur den Zweck und die Bedeutung, das Publikum und die Behörden fortgesetzt darüber auf dem Laufenden zu erhalten, wer der verantwortliche Redakteur ist, wen daher die in den §§. 20 Abs. 2, 21 ausgesprochene Verantwortlichkeit trifft, und wem die in den §§. 10 und 11 normirten Pflichten obliegen. Die mit Wissen und Willen des Betreffenden geschehene Nennung enthält die eigene Erklärung, das Bekenntniß des Genannten, daß er der verantwortliche Redakteur sei. Liegen keine besonderen Gründe vor, die diese Erklärung widerlegen, so können die Anklagebehörde und das Gericht sich an ihn halten, er kann sich nicht dadurch für beschwert erachten, daß seiner eigenen, formell und öffentlich abgegebenen Erklärung geglaubt wird."

In einem anderen Theile dieser Entscheidung sagt dieselbe: „Irrthümlich ist es aber, wenn dem Gesetze unterlegt wird, die Angabe des Namens schaffe den verantwortlichen Redakteur; vielmehr muß der verantwortliche Redakteur, wenn er als solcher eine Erklärung abgeben soll, schon existiren. Hieraus folgt aber, daß dann, wenn erweislich ein Anderer als der genannte der wirkliche

Redakteur ist, eine falsche Angabe vorliegt, die unter die Strafbestimmungen des §. 18 Ziff. 2 bezw. §. 19 Ziff. 1 fällt, aber keineswegs den wirklichen Redakteur von seiner Verantwortlichkeit befreit, noch den Staat zwingt, sich mit seinem Strafanspruche an den bloßen Schein- oder Sitzredakteur, den vorgeschobenen Strohmann, zu halten.“ Entscheidung des Reichsgerichts vom 21. Mai 1895, Bd. 27, S. 246 ff.

Kloeppel — Reichspreßrecht — bezeichnet als Redakteur den geistigen Leiter der gesammten Redaktionsthätigkeit, denjenigen, der sie in abschließender Prüfung zusammenfaßt, um die letzte Bestimmung über Aufnahme oder Nichtaufnahme eines Artikels zu treffen. Als verantwortlich zu benennen ist nur derjenige Redakteur, welcher bei Herstellung des Inhalts des Stückes oder Heftes diejenige Thätigkeit ausgeübt hat, die den sachlichen Grund der Verantwortlichkeit bildet, nämlich die abschließende Prüfung und endgültige Bestimmung über die Aufnahme des von ihm oder von anderen gesammelten Stoffes.

„Die Eigenschaft als verantwortlicher Redakteur wird nicht erst durch die Benennung desselben auf der Druckschrift begründet.“

„Es kann, ohne daß dabei die rechtlichen Folgen in Betracht zu ziehen sind, welche sich daraus ergeben, daß jemand, der mit der Redaktion nicht befaßt ist, mit seinem Wissen und Willen als verantwortlicher Redakteur bezeichnet wird, nur angenommen werden, daß schon die thatsächliche Ausübung der Geschäfte des verantwortlichen Redakteurs diese seine Eigenschaft begründet, selbst wenn er demnächst als solcher auf der von ihm redigirten Zeitungsnummer nicht genannt ist.“ Entscheidung des Reichsgerichts vom 24. Juni 1890, Bd. 21, S. 28.

„Die Verantwortlichkeit des Redakteurs einer periodischen Druckschrift erstreckt sich auch auf solche Beilagen einer Nummer der Druckschrift, welche auf dem Hauptblatt nicht als Beilagen bezeichnet sind.“

„Nach §. 7 des Preßgesetzes muß auf jeder Nummer, jedem Stücke oder Hefte einer periodischen Druckschrift der verantwortliche Redakteur genannt sein; da aber das Gesetz den Ort, woselbst die Angabe zu bewirken ist, nicht näher bestimmt und mehrere Bogen Hauptblatt und Beilagen einer Zeitungsnummer, soweit das Gesetz nicht eine Ausnahme hinstellt (§. 7 Abs. 2, §. 27 Abs. 2 a. a. O.), ein Ganzes bilden, so reicht es zur Begründung der Verantwortlichkeit des Redakteurs für den Inhalt der ganzen Nummer regelmäßig aus, wenn überhaupt auf dem ersten Bogen bezw. auf dem Hauptblatte die Angabe enthalten ist." Entscheidung des Reichsgerichts vom 22. September 1882, Bd. 7, S. 45.

Name und Wohnort des verantwortlichen Redakteurs.

Als verantwortlicher Redakteur muß eine bestimmte, physische Person genannt sein; die Angabe einer Firma ist nicht zulässig.

Ueber Wohnort s. oben §. 4.

„Der Redakteur ist verpflichtet, nicht bloß die Straße, sondern auch den Ort, wo die Wohnung sich befindet, anzugeben, da es nicht der Vorschrift des §. 7 des Preßgesetzes genügt, wenn der Wohnort nur indirekt aus dem Namen der Druckschrift zu folgern ist. Der Redakteur ist für diese Angaben verantwortlich. Der Redakteur ist für die Richtigkeit und Vollständigkeit der nach §. 7 Abs. 1 des Preßgesetzes hinsichtlich seiner Person zu machenden Angaben verantwortlich. Zwar werden in §§. 18, 19 a. a. O., welche Zuwiderhandlungen gegen die §§. 6, 7 a. a. O. mit Strafe bedrohen, die Personen, welche strafrechtlich haftbar erscheinen, nicht speziell bezeichnet. Aber daraus folgt nur, daß die Haftbarkeit jedes Einzelnen derselben nach dem Maß der ihm dabei durch das Gesetz auferlegten Verpflichtung und Verantwortlichkeit beurtheilt werden muß."

„Dagegen ist der Redakteur nicht dafür haftbar, daß der Name des Druckers und Verlegers auf einzelnen Nummern nicht richtig angegeben ist, auf einzelnen Nummern auch die Angabe des Domiziles der Firma, also des Druckers und Verlegers fehlt. Die besondere Verantwortlichkeit des Redakteurs bezieht sich nach §. 20 des Preßgesetzes nur auf den Inhalt der periodischen Druckschrift, auf die neben dem Inhalte herlaufenden Angaben, auf, nicht in der Druckschrift aber nur insoweit, als diese Angaben ihm selbst obliegen, wie dieses nach §. 7 a. a. O. rücksichtlich seines Namens und Wohnortes der Fall ist. Die Stellung des Redakteurs erklärt sich aus seiner Thätigkeit; er sammelt, ordnet und verarbeitet das zu druckende Material und ist insofern der geistige, nicht physische Urheber der einzelnen Nummern oder Hefte der Zeitschrift als Ganzes." Entscheidung des Reichsgerichts vom 20. Juni 1882, Bd. 6, S. 866 ff.

„Ein verantwortlicher Redakteur hat seinen Namen und Wohnort vollständig auf der Zeitung anzugeben, die Angabe der Anfangsbuchstaben genügt nicht." Entscheidung des Reichsgerichts vom 15. März 1894, Bd. 25, S. 180.

„Die Benennung mehrerer verantwortlicher Redakteure für dieselbe Druckschrift oder denselben Theil einer solchen ist unstatthaft."

„Die Benennung eines verantwortlichen Redakteurs mit seinem Schriftstellernamen ist unstatthaft." Entscheidung des Reichsgerichts vom 13. Dezember 1895, Bd. 28.

„Die Benennung des verantwortlichen Redakteurs mit einer Angabe, aus der nur im Wege der Schlußfolgerung die Person desselben zu ersehen ist, ist ungenügend." In der Begründung dieser Entscheidung heißt es u. A.: Es muß die Angabe klar und bestimmt erfolgen, wie sich auch daraus ergiebt, daß nach Abs. 2 des §. 7 die Benennung mehrerer Personen als verantwortliche Redakteure nur zulässig ist, wenn aus Form und Inhalt der Benennung mit Bestimmtheit zu ersehen ist, für welchen Theil der Druckschrift jede der benannten Personen die Redaktion besorgt. Angaben, welche einen Zweifel übrig lassen, sind daher ungenügend." Entscheidung des Reichsgerichts vom 2. Juni 1896, Bd. 28.

„Die Bestellung mehrerer Redakteure kann dem Willen des Gesetzgebers nur dann genügen, wenn diese mehreren Redakteure in Rücksicht auf die strafrechtliche Haftung aus §. 20 Abs. 2 des Preßgesetzes die Person des der Regel nach zu bestellen gewesenen einen verantwortlichen Redakteurs vollständig decken, d. h., wenn die nach dem bezüglichen Vermerke auf der periodischen Druckschrift den einzelnen Redakteuren zugetheilten Gebiete für ihre Redaktionsthätigkeit den gesammten Inhalt der periodischen Druckschrift umspannen. Trifft dies nicht zu, so muß die in nicht erschöpfender Weise erfolgte Benennung einzelner verantwortlicher Redakteure auf der periodischen Druckschrift als rechtlich nicht vorhanden angesehen werden." Entscheid. d. Reichsgerichts v. 17./24. März 1892, Bd. 23, S. 9.

§. 7.

Voraussetzungen der Fähigkeit zum verantwortlichen Redakteur.

Verantwortliche Redakteure periodischer Druckschriften dürfen nur Personen sein, welche

1. verfügungsfähig;
2. im Besitze der bürgerlichen Ehrenrechte sind und
3. im Deutschen Reiche ihren Wohnsitz oder gewöhnlichen Aufenthalt haben.

Der verantwortliche Redakteur muß eine physische Person sein. Korporationen, Vereine u. s. w. können niemals die Stellung eines verantwortlichen Redakteurs übernehmen.

Verfügungsfähig.

Verfügungsfähig heißt die Fähigkeit besitzen, frei über sein Vermögen zu verfügen, ohne daß einem Dritten irgend welches Beschränkungsrecht zusteht.

Ob Frauen die Stellung eines verantwortlichen Redakteurs einnehmen können, richtet sich darnach, ob sie die Verfügungsfähigkeit besitzen.

Die bürgerlichen Ehrenrechte.

Es sind darunter diejenigen Rechte zu verstehen, welche gänzlich oder theilweise in Folge Verurtheilung wegen Begehung einer strafbaren, ehrenrührigen Handlung auf Grund besonderer gesetzlicher Bestimmung darüber aberkannt werden können. Der verantwortliche Redakteur muß im Besitze der bürgerlichen Ehrenrechte sein heißt negativ ausgedrückt: er darf nicht der in den §§. 32 ff. des Reichsstrafgesetzbuches näher bezeichneten Rechte entkleidet sein.

Wohnsitz oder gewöhnlicher Aufenthalt.

Der verantwortliche Redakteur muß im Deutschen Reiche seinen Wohnsitz, d. h. seinen dauernden Aufenthalt, oder aber wenigstens seinen gewöhnlichen Aufenthalt haben, im letzteren Falle muß er also den größten Theil des Jahres sich im Deutschen Reiche aufhalten, so daß er von den deutschen Behörden ohne Mühe zur Verantwortung gezogen werden kann.

Zum Deutschen Reiche gehört auch Elsaß-Lothringen; der verantwortliche Redakteur kann also hier wohnen. Er braucht kein Deutscher zu sein, muß aber im Deutschen Reiche wohnen.

Die Vorschriften, welche Beamten und Militärpersonen untersagen, die Stellung eines verantwortlichen Redakteurs zu übernehmen, bezw. wonach solche Personen einer besonderen Erlaubniß hierzu bedürfen, bleiben von dem Preßgesetz unberührt.

§. 8.

Wer ist strafrechtlich verantwortlich für die Beobachtung der in §. 7 gegebenen preßpolizeilichen Vorschriften.

„Mit Geldstrafe bis zu 1000 Mark oder mit Haft oder mit Gefängniß bis zu 6 Monaten werden bestraft: Zuwiderhandlungen gegen die Bestimmungen der §§. 7 und 8, welche durch falsche Angaben mit Kenntniß der Unrichtigkeit begangen werden."

„Dieselbe Strafe trifft den Verleger einer periodischen Druckschrift auch dann, wenn er wissentlich geschehen läßt, daß auf derselben eine Person fälschlich als Redakteur benannt wird." (§. 18 Nr. 2 bezw. Abs. 2 des Preßgesetzes).

„Mit Geldstrafe bis zu 150 Mark oder mit Haft werden bestraft: Zuwiderhandlungen gegen §§. 7 u. 8, welche nicht durch §. 18 Ziffer 2 getroffen sind." (§. 19 Ziffer 1 des Preßgesetzes).

Es werden die Verstöße gegen die preßpolizeilichen Vorschriften, welche bewußt, dolos begangen werden, selbstverständlich härter bestraft, als diejenigen Verstöße, welchen der Dolus, die böse Absicht, fehlt. Erstere sind Vergehen, letztere Uebertretungen.

Verantwortlich ist zunächst der Verleger, indem dieser dafür Sorge zu tragen hat, daß den Bestimmungen des §. 7 genügt wird, d. h. daß ein verantwortlicher Redakteur auf der periodischen Druckschrift namhaft gemacht wird. Nach §. 18 Nr. 2 ist aber der Verleger nicht bloß haftbar, wenn er selbst vorsätzlich einen unrichtigen Namen oder Wohnort eines verantwortlichen Redakteurs auf der periodischen Druckschrift nennt, sondern auch, wenn er es duldet, wissentlich geschehen läßt, daß auf derselben eine Person fälschlich als Redakteur benannt wird.

Ist die Beobachtung der in §§. 7 u. 8 gegebenen

Vorschriften fahrlässig (also nicht vorsätzlich, absichtlich) d. h. durch Vernachlässigung der anzuwendenden Sorgfalt und daher schuldhaft, außer Acht gelassen worden, so stellt sich die begangene Strafthat als Uebertretung dar, deren Sühne durch §. 19 Ziffer 1 des Preßgesetzes vorgesehen ist.

Aber nicht bloß der Verleger, sondern ebenso auch der verantwortliche Redakteur, Drucker, können für die Verletzung der §§. 7 u. 8 verantwortlich sein und der Strafe aus §. 18 Nr. 2 bezw. §. 19 Ziffer 1 verfallen, je nachdem die Gesetzesverletzung auf dolus, oder böse Absicht oder culpa, Fahrlässigkeit zurückzuführen ist.

Welche bestimmte Person zur Verantwortung zu ziehen ist, darüber lassen sich nicht allgemein geltende Grundsätze aufstellen; es bleibt dies vielmehr der Untersuchung von Fall zu Fall überlassen. Es sei nur noch bemerkt, daß für die falsche Benennung des Redakteurs, sei es dolos, sei es fahrlässig, derjenige haftbar ist, welcher die unrichtige Benennung oder Unterlassung der Benennung herbeiführt; dies kann der benannte verantwortliche Redakteur selbst, aber auch der falsche Redakteur, der sich also selbst hätte benennen müssen, der Verleger, Drucker u. s. w. sein, wie vom vorm. Obertribunal u. Reichsgericht in den Entscheidungen ausgesprochen ist. (Delius, das Reichsgesetz über die Presse).

„Wissentlich falschen Angaben sind nicht Nichtangaben gleichzuachten, auch wenn diese Verschweigungen bewußt und absichtlich geschehen sind.“

Es ist unrichtig anzunehmen, daß, wenn Preßvergehen sich theils als Verstöße gegen §. 6, theils gegen §. 7 des Preßgesetzes richten, nicht die Anzahl der Handlungen, bezw. der Unterlassungen, sondern die Anzahl der Gesetzesverletzungen entscheiden, was sich mit §. 73 des Strafgesetzbuches und den Grundsätzen über ideale Konkurrenz nicht in Einklang bringen läßt. Entsch. des Reichsger. v. 20. Juni 1882, Bd. 6, S. 366 ff.

„Bei falscher Bezeichnung des verantwortlichen Redakteurs auf der Druckschrift ist als Thäter derjenige anzusehen, welcher durch schuldhaftes Handeln die falschen Angaben herbeigeführt hat." Entscheid. des Reichsgerichts vom 24. Juni 1890, Bd. 21, S. 23.

§. 9.

Die anderen preßpolizeilichen Vorschriften für periodische Druckschriften im Sinne des § 7 des Preßgesetzes.

A. Nach §. 9 des Preßgesetzes muß der Verleger von jeder Nummer (Heft, Stück) einer periodischen Druckschrift, sobald die Austheilung oder Versendung beginnt, ein Exemplar gegen eine ihm sofort zu ertheilende Bescheinigung an die Polizeibehörde des Ausgabeortes unentgeltlich abliefern.

Aufgenommen von dieser Bestimmung sind Druckschriften, welche ausschließlich Zwecken der Wissenschaft, der Kunst, des Gewerbes oder der Industrie dienen.

Für die Beobachtung der hiernach festgelegten Verpflichtung ist ausschließlich der Verleger verantwortlich. Diese Verpflichtung beginnt mit dem Augenblick, da die periodische Druckschrift zur Austheilung oder Versendung gelangt. Sobald ein Exemplar hiervon ausgetheilt oder versendet wird, ist die Verpflichtung zur Ablieferung des Pflichtexemplars existent geworden. Wenn also eine periodische Druckschrift z. B. an die Abträger oder an die Post zur Beförderung übergeben worden ist, ist die genannte Verpflichtung perfekt.

Ob auch ein Extrablatt dieser Vorschrift unterliegt, ist zweifelhaft. Délius bejaht dies. Ich bestreite es, da ein Extrablatt nicht als eine periodische Druckschrift, auch nicht als ein Theil einer solchen anzusehen ist, und darum nicht unter die Bestimmung des §. 9 des Preßgesetzes zu subsumiren ist, der das Vorliegen einer periodischen Druckschrift als wesentliche Voraussetzung festlegt.

Wenn dieser Paragraph bestimmt, daß von jeder Nummer einer periodischen Druckschrift ein Pflichtexemplar abzuliefern ist, so ist damit zugleich gesagt, daß die Druckschrift, wie sie erscheint, abzuliefern ist, also mit sämmtlichen Beilagen u. s. w. Alles was mit dem Hauptblatt ausgetheilt oder versendet wird, ist zur Kenntniß der Polizeibehörde zu bringen.

In der Abgabe des Pflichtexemplars ist keine Verbreitung zu erblicken (Entscheidung des Reichsgerichts v. 28. Sept. 1880, Bd. 2, S. 270).

Die Bescheinigung seitens der Polizeibehörde hat sofort, d. h. Zug um Zug zu erfolgen. Sie muß also auch außerhalb der gewöhnlichen Bureaustunden erfolgen.

Das Pflichtexemplar ist an die Polizeibehörde des Ausgabeortes abzuliefern. Da für die Erfüllung dieser Vorschrift lediglich der Verleger verantwortlich ist, so kann auch nur der Verlagsort in Betracht kommen, so daß also die Ablieferung an die Polizeibehörde des Verlagsortes zu geschehen hat.

Die Ablieferung ist unentgeltlich.

Zuwiderhandlung gegen die Pflicht der rechtzeitigen Ablieferung ist Uebertretung, welche nach §. 19 Ziff. 2 des Preßgesetzes mit Geldstrafe bis zu 150 Mark oder mit Haft bestraft wird. Ob der Verleger die Ablieferung persönlich besorgt hat oder durch eine dritte Person, bleibt außer Betracht, da in jedem Falle der Verleger allein verantwortlich ist.

„Das Verbreiten von Druckschriften, welche den Ordnungsvorschriften des Preßgesetzes nicht entsprechen, ist kein Zuwiderhandeln gegen diese Ordnungsvorschriften im Sinne der §§. 6, 9 des Preßgesetzes."

„Die landesgesetzlichen Vorschriften, welche diese Verbreitung mit Strafe bedrohen, sind durch das Reichsgesetz beseitigt." Entscheidung des Reichsgerichts vom 28. November 1887, Bd. 16, S. 409.

B. Nach §. 10 des Preßgesetzes ist der verantwortliche Redakteur einer periodischen Druckschrift, welche Anzeigen aufnimmt, verpflichtet, die ihm von öffentlichen Behörden mitgetheilten amtlichen Bekanntmachungen auf deren Verlangen gegen Zahlung der üblichen Einrückungsgebühren in eine der beiden nächsten Nummern des Blattes aufzunehmen.

Die erste Voraussetzung ist, daß es sich um eine periodische Druckschrift handelt. Ein weiteres Erforderniß ist, daß eine solche Druckschrift überhaupt Anzeigen aufnimmt, und zwar Anzeigen gegen Entgelt aufnimmt. da sonst die Worte „gegen Zahlung der üblichen Einrückungsgebühren" unverständlich wären. Sind diese Voraussetzungen gegeben, dann greift die Vorschrift des §. 10 Platz.

Oeffentliche Behörden sind nicht bloß Saats-, sondern auch Gemeinde-, überhaupt alle mit dem öffentlichen Charakter versehene Behörden.

Als amtliche Bekanntmachung ist eine Bekanntmachung im Rahmen ihrer Zuständigkeit anzusehen.

„In eine der beiden nächsten Nummern des Blattes." Als solche Nummern sind nur diejenigen zu verstehen, welche bei Eingang des Verlangens der Behörde für den Druck noch nicht abgeschlossen waren.

Verpflichtet, die nachgesuchte Aufnahme zu gewähren, ist nur der verantwortliche Redakteur. Seine strafrechtliche Haftung legt §. 19 Ziff. 3 des Preßgesetzes fest, wonach Zuwiderhandlung gegen §. 10 a. a. O. mit Geldstrafe bis 150 Mark oder Haft bestraft wird.

Die strafrechtliche Verfolgung tritt nur auf Antrag der hierzu berechtigten Behörde ein. Hat der verantwortliche Redakteur die Aufnahme in gutem Glauben verweigert, was Sache der Feststellung von Fall zu Fall ist, so erfolgt unter Freisprechung des verantwortlichen Redakteurs die Anordnung der Aufnahme der behördlichen Bekanntmachung in die in Betracht kommende periodische

Druckschrift (objektives Verfahren). Der gute Glauben kann nur darin gefunden werden, daß der Redakteur die Bekanntmachung irrthümlich nicht als amtliche ansah oder im Irrthum über die Eigenschaft der Behörde als öffentliche sich befand oder glaubte, daß die Bekanntmachung schon außerhalb des Rahmens der Zuständigkeit der die Bekanntmachung anordnenden Behörde lag.

Ein Zwang zur Aufnahme der Bekanntmachung ist nicht zulässig. Es kann lediglich nur wiederholte Bestrafung des die Aufnahme verweigernden verantwortlichen Redakteurs stattfinden.

Die Zuwiderhandlung ist perfekt, sobald der Redakteur die Aufnahme verweigert oder sobald die zweite Nummer erschienen ist, ohne daß die Aufnahme erfolgt ist.

C. Nach §. 11 des Preßgesetzes „ist der verantwortliche Redakteur einer periodischen Druckschrift verpflichtet, eine Berichtigung der in letzterer mitgetheilten Thatsachen auf Verlangen einer betheiligten öffentlichen Behörde oder Privatperson ohne Einschaltungen oder Weglassungen aufzunehmen, sofern die Berichtigung von dem Einsender unterzeichnet ist, keinen strafbaren Inhalt hat und sich auf thatsächliche Angaben beschränkt."

„Der Abdruck muß in der nach Empfang der Einsendung nächstfolgenden, für den Druck nicht bereits abgeschlossenen Nummer und zwar in demselben Theile der Druckschrift und mit derselben Schrift, wie der Abdruck des zu berichtigenden Artikels geschehen."

„Die Aufnahme erfolgt kostenfrei, soweit nicht die Entgegnung den Raum der zu berichtigenden Mittheilung überschreitet; für die über dieses Maß hinausgehenden Zeilen sind die üblichen Einrückungsgebühren zu entrichten."

Verpflichtet zur Aufnahme der Berichtigung ist der verantwortliche Redakteur, und zwar zunächst der verantwortliche Redakteur, welcher auf der Nummer, in welcher die Berichtigung aufzunehmen ist, als solcher genannt ist;

bei Benennung mehrerer Personen als verantwortliche Redakteure die Person, welche als verantwortlicher Redakteur des Theiles benannt ist, in dem die Berichtigung aufzunehmen ist.

Der Berichtigungszwang trifft sämmtliche periodische Druckschriften, auch die im §. 9 Abs. 2 des Preßgesetzes genannten periodischen Druckschriften, welche ausschließlich Zwecken der Wissenschaft, der Kunst, des Gewerbes oder der Industrie dienen, sowie solche, die keine Anzeigen aufnehmen. Beschränkt ausgenommen von dem Berichtigungszwange sind nur die im §. 12 des Preßgesetzes näher bezeichneten Druckschriften.

Berichtigung.

Berichtigen heißt etwas richtig stellen.

Voraussetzung ist also, daß die die Berichtigung veranlassende Aeußerung in der Presse falsch ist. Die Folge hiervon ist die wahre Darstellung der in Betracht kommenden Thatsachen durch dasselbe Preßorgan.

Da jedoch eine Berichtigung die zur Erörterung durch die Presse gebrachten Thatsachen nicht immer sachlich (objektiv) richtig stellen wird, so kann hier der Begriff Berichtigung nur subjektiv insofern aufgefaßt werden, als der Berichtiger entweder in der Meinung ist, die zu berichtigende Thatsache sei falsch, oder aber die letztere anders darzustellen versucht.

Berichtigen im Sinne des §. 11 des Preßgesetzes bedeutet daher nichts weiter als eine in einer periodischen Druckschrift veröffentlichte Thatsache in derselben Druckschrift im Rahmen der im genannten Paragraphen gegebenen Vorschriften „anders darstellen". Ob dieses „Andersdarstellen" wirklich ein „Richtigstellen" ist, ist für den Berichtigungszwang ohne Bedeutung. Der Grundsatz **„audiatur et altera pars"** ist hier das leitende Motiv. Daraus ergiebt sich aber auch, daß, wenn der verantwortliche Redakteur im Anschluß an die veröffentlichte Berichtigung die berichtigten Thatsachen aufrecht erhält, er zur Aufnahme einer neuen Berichtigung nicht mehr verpflichtet ist.

Gegenstand der Berichtigung ist jede in einer periodischen Druckschrift mitgetheilte Thatsache, gleichgültig, ob sie von dem Redakteur selbst oder irgend einer anderen Person mitgetheilt wird. In welchem Theile einer periodischen Druckschrift die zu berichtigende Thatsache veröffentlicht worden ist, ist gleichgültig; der Berichtigungszwang trifft auch den Inseratentheil.

Auf Verlangen einer betheiligten öffentlichen Behörde oder Privatperson.

Ueber öffentliche Behörden s. oben unter B Abs. 8.

Privatperson ist auch der Vorsteher einer Vereins-Gesellschaft, insbesondere auch einer mit Korporationsrechten ausgestatteten Gesellschaft.

Betheiligt ist nach dem Erkenntniß des Obertribunals vom 27. April 1877 jeder, der durch die Mittheilung berührt wird und deshalb an deren Berichtigung ein Interesse hat.

„Berechtigtes Interesse bei Berichtigung von Thatsachen gemäß §. 11 des Preßgesetzes: der §. 193 des Strafgesetzbuches fordert nicht, daß die zu wahrenden berechtigten Interessen auch die eigenen Interessen des Thäters sein müssen." Entscheidung des Reichsgerichts vom 9. Oktober 1880, Bd. 3, S. 40 unten B Abs. 3.

Ohne Einschaltungen und Weglassungen.

Der verantwortliche Redakteur hat die Berichtigung so aufzunehmen, wie sie ihm zugestellt wird, also wortgetreu und ohne Zwischenbemerkungen, auch im ganzen Umfange; es darf nichts zu dem Wortlaut der eingesandten Berichtigung zugesetzt noch etwas weggelassen werden.

Die Berichtigung muß erstens von dem Einsender unterschrieben sein,

sie darf zweitens keinen strafbaren Inhalt haben und

muß drittens sich auf thatsächliche Angaben beschränken.

Unterschrift ist Namensunterschrift.

Eine Berichtigung, welche einen strafbaren Inhalt hat, kann der verantwortliche Redakteur zurückweisen, da er sich sonst der Gefahr aussetzt, strafrechtlich verfolgt zu werden. Es ist also Sache desselben, festzustellen, ob in der Berichtigung, in dem Inhalte derselben etwas Strafbares enthalten ist. Im Streitfalle entscheidet der Richter (zu vergl. §. 19 Abs. 2 des Preßgesetzes).

Gegenstand der Berichtigung dürfen nur thatsächliche Angaben sein. Eine darüber hinausgehende Berichtigung, insbesondere eine Kritik des zu Berichtigenden braucht nicht aufgenommen zu werden. Nach dem Erkenntniß des Oberlandesgerichts zu Breslau vom 22. 1. 1891 sind unter thatsächlichen Angaben: bejahende oder verneinende Mittheilungen über äußere, mit den Sinnen wahrnehmbare Ereignisse zu verstehen.

Kloeppel sagt: Da Auslassungen wie Einschaltungen in der eingesandten Berichtigung dem Redakteur schlechthin untersagt sind, so ist er auch nicht befugt, dasjenige auszuscheiden, was sich nicht auf „thatsächliche Angaben" beschränkt. Der Redakteur hat also in diesem Falle nur die Wahl zwischen Aufnahme auch des nichtthatsächlichen Theiles und der Verweigerung der Aufnahme der ganzen Berichtigung.

Daß die Berichtigung in derselben Sprache abgefaßt sein muß, in welcher die periodische Druckschrift erscheint, ist vom Gesetzgeber nicht gefordert. Der Abdruck muß in der nach Empfang der Einsendung nächstfolgenden Nummer erfolgen, sofern der Druck noch nicht abgeschlossen ist. Ist dies bereits geschehen, dann muß die Berichtigung in der darauffolgenden Nummer abgedruckt werden. Die Aufnahme hat mit denselben Lettern zu geschehen, andernfalls ein Verstoß gegen §. 11 vorliegt.

Ein Berichtigung muß aufgenommen werden, auch wenn sie noch so lang ist, sofern die Voraussetzungen der Berichtigungspflicht gegeben sind. Kostenlos findet sie nur Aufnahme, wenn sie den Raum der zu berichtigenden Mittheilung nicht überschreitet. Es kommt nur der Raum dieser letzteren selbst in Betracht, nicht etwa ein Artikel, innerhalb dessen sie vorkommt. Der diesen Raum übersteigende Theil der Berichtigung muß bezahlt werden. Es werden hierfür die von der in Frage kommenden Druckschrift festgesetzten Insertionsgebühren zu bezahlen sein; bei Blättern, die keine Annoncen aufnehmen, werden die ortsüblichen Gebühren maßgebend sein.

Eine Frist für die Ausübung des Berichtigungsrechts ist nicht vorgesehen, dasselbe ist also an keine Frist gebunden.

Zuwiderhandlungen werden nach §. 19 Ziff. 3 des Preßgesetzes mit Geldstrafe bis 150 Mark oder mit Haft bestraft.

Eine Zuwiderhandlung liegt nicht bloß in der Verweigerung der Aufnahme der Berichtigung, sondern auch in jeder Aenderung der letzteren, sowie der verspäteten Aufnahme, endlich auch in der Veröffentlichung in einem anderen Theile der Druckschrift, mittelst anderer Lettern (anderer Schrift) als derjenigen bezw. denjenigen der zu berichtigenden Mittheilung. Diese Bestrafung tritt nach Abs. 2 a. a. O. nur auf Antrag ein und hat das Strafurtheil zugleich die Aufnahme des eingesandten Artikels in die nächstfolgende Nummer anzuordnen. Ist die unberechtigte Verweigerung im guten Glauben geschehen, so ist unter Freisprechung von Strafe und Kosten lediglich die nachträgliche Aufnahme anzuordnen.

Der „gute Glaube“.

Kloeppel (Reichspreßrecht): Der gute Glaube, welcher nach §. 19 Abs. 2 den Redakteur straflos macht, auch wenn der Strafrichter das Verlangen der Berichtigung für rechtlich begründet erachtet, entspricht durchaus dem guten Glauben desjenigen, der die von ihm gestohlene oder unterschlagene Sache für die seinige gehalten hat: es ist die zwar nach Ansicht des Gerichts irrige, aber doch den Umständen nach möglich gewesene Rechtsansicht, wie dort über ein streitiges Recht, so hier über eine streitige Verpflichtung.

Guter Glaube im Sinne des Gesetzes besteht in der Annahme, zur Verweigerung der Aufnahme aus irgend einem Grunde berechtigt zu sein (Liszt, das Reichspreßrecht).

Auf guten Glauben kann sich der verantwortliche Redakteur nur berufen beim Irrthum über Thatumstände, also über die Eigenschaft des Einsenders als Betheiligten, über die thatsächliche Natur oder die Strafbarkeit des Inhalts der Angaben desselben (Entscheidung des Reichsgerichts vom 6. Oktober 1893).

Im Falle der Verurtheilung ist damit kein unmittelbarer Zwang zur Ausführung der richterlich angeordneten Aufnahme des Berichtigungsartikels gegeben. Weigert sich der verantwortliche Redakteur, der richterlichen Anordnung Folge zu geben, so stellt sich diese Weigerung nur als ein neues, selbstständiges Delikt im Sinne des §. 11 dar.

Für die Stellung des Strafantrages (Berechtigung, Frist u. s. w.) kommen die einschlägigen Bestimmungen des Strafgesetzbuches in Betracht (§§. 61—65). Zu vergl. auch §. 156 Abs. 2 der Strafprozeßordnung.

Verjährung.

Die Verjährungsfrist beträgt drei Monate.

Der Ordnungsvorschrift des §. 11 ist zuwidergehandelt, sobald diejenige Nummer der periodischen Druckschrift, in welche nach Abs. 2 die Berichtigung aufgenommen sein mußte, erschienen ist, ohne diese zu enthalten. Mit diesem Zeitpunkt beginnt demnach die Verjährung der verwirkten Ordnungsstrafe. (Entscheidung des Kammergerichts vom 6. Februar 1888).

D. Ist gegen eine Nummer (Stück, Heft) einer im Auslande erscheinenden periodischen Druckschrift binnen Jahresfrist zweimal eine Verurtheilung auf Grund der §§. 41 und 42 des Strafgesetzbuches erfolgt, so kann gemäß §. 14 des Preßgesetzes der Reichskanzler innerhalb 2 Monaten nach Eintritt der Rechtskraft des letzten Erkenntnisses das Verbot der ferneren Verbreitung dieser Druckschrift bis auf zwei Jahre durch öffentliche Bekanntmachung aussprechen.

Die in den einzelnen Bundesstaaten auf Grund der Landesgesetzgebung bisher erlassenen Verbote ausländischer periodischer Druckschriften treten außer Wirksamkeit.

Der Bestimmung des §. 14 unterliegen nur periodische Druckschriften, welche im Auslande, d. h. außerhalb des deutschen Reiches, erscheinen.

Nichtperiodische ausländische Druckschriften fallen daher nicht unter diese Bestimmung.

Voraussetzung für die Anwendung vorstehender Bestimmung ist die Verurtheilung auf Grund der §§. 41 und 42 des Strafgesetzbuches, und zwar die zweimalige Verurtheilung binnen Jahresfrist.

v. Liszt (Reichspreßrecht) sagt: Das Gesetz hat hier den Rückfall im Auge: Das Delikt, wegen dessen die zweite Verurtheilung erfolgt, muß nach der Verurtheilung wegen des ersten begangen sein.

Von einem Rückfalle im Sinne des Strafgesetzbuches kann hier indessen keine Rede sein, da ja die für den Inhalt der periodischen Druckschrift verantwortlichen Personen, deren Wohnort im Ausland die Druckschrift als ausländische charakterisirt (die Druckschrift erscheint), für den inländischen Strafrichter nicht erreichbar sind und darum nicht zur Verantwortung gezogen werden können. Es handelt sich hier lediglich um eine Ordnungsvorschrift, eine preßpolizeiliche Bestimmung, deren Anwendbarkeit von der gerichtlichen Feststellung abhängt, daß der Inhalt einer Nummer einer ausländischen periodischen Druckschrift gegen strafrechtliche Bestimmungen des Inlandes zweimal im Jahre verstoßen hat, so daß ihre Unbrauchbarmachung auf Grund der §§. 41 und 42 des Reichsstrafgesetzbuches, (selbstverständlich soweit die Druckschriften im Inlande vorhanden sind) angeordnet worden ist.

Für die Berechnung der Jahresfrist kommen die in erster Instanz ergangenen Urtheile in Betracht. Es ist aber nicht nothwendig, daß beide Urtheile binnen Jahresfrist rechtskräftig geworden sind. Natürlich kann andrerseits nicht ein Urtheil zur Anrechnung kommen, welches in höherer Instanz aufgehoben worden ist.

§. 41 des Reichsstrafgesetzbuches: Wenn der Inhalt einer Schrift, Abbildung oder Darstellung strafbar ist, so ist im Urtheile auszusprechen, daß alle Exemplare, sowie die zu ihrer Herstellung bestimmten Platten und Formen unbrauchbar zu machen sind.

Diese Vorschrift bezieht sich jedoch nur auf die im Besitze des Verfassers, Druckers, Herausgebers, Verlegers, oder Buchhändlers befindlichen und auf die öffentlich ausgelegten oder öffentlich ausgelegten oder öffentlich angebotenen Exemplare.

Ist nur ein Theil der Schrift, Abbildung oder Darstellung strafbar, so ist, insofern eine Ausscheidung möglich ist, auszusprechen, daß nur die strafbaren Stellen und derjenige Theil der Platten und Formen, auf welchen sich diese Stellen befinden, unbrauchbar zu machen sind.

§. 42 des R.St.G.B.: Ist in den Fällen der §§. 40 und 41 die Verfolgung oder die Verurtheilung einer bestimmten Person nicht ausführbar, so können die daselbst vorgeschriebenen Maßnahmen selbstständig erkannt werden.

§. 41 findet nach §. 14 des Preßgesetzes auf den

Verbreiter im Inlande Anwendung, §. 42 regelt das „objektive Strafverfahren."

Vergl. übrigens §§. 477 ff. der Strafprozeßordnung. Sind die vorstehend erörterten Voraussetzungen gegeben, so ist der Reichskanzler befugt, innerhalb 2 Monaten nach Eintritt der Rechtskraft des letzten Erkenntnisses das Verbot der ferneren Verbreitung auszusprechen.

Die Ausübung dieser Befugniß ist an eine Frist gebunden: sie muß innerhalb 2 Monaten ausgeübt werden, nachdem das 2. Erkenntniß rechtskräftig geworden ist. Das Verbot hört, wenn es nicht auf eine kürzere Frist beschränkt ist, nach Ablauf von 2 Jahren vom Tage der Bekanntmachung an gerechnet von selbst auf. Es steht außer Zweifel, daß das Verbot jederzeit wieder aufgehoben werden kann. Das Verbot kann nur vom Reichskanzler, an den daher von jedem derartigen gegen eine ausländische Zeitung gerichteten Erkenntnisse Bericht zu erstatten ist, von keiner anderen Behörde, ergehen. Es wird daher auch die vorgeschriebene öffentliche Bekanntmachung des Verbots in dem amtlichen Organ des Reiches, dem Reichsanzeiger, zu geschehen haben.

Das Verbot bezieht sich nur auf die nach dem Verbot erscheinenden Nummern der in Frage kommenden ausländischen periodischen Druckschrift.

Mit dem öffentlich bekannt gemachten Verbot verbunden ist die Entziehung des Postdebits.

§. 8 des Reichsgesetzes über das Postwesen des deutschen Reiches vom 28. Oktober 1871 bestimmt: Die Annahme und Beförderung von Postsendungen darf von der Post nicht geweigert werden, sofern die Bestimmungen dieses Gesetzes und des Reglements beobachtet sind. Auch darf keine im Gebiete des deutschen Reiches erscheinende politische Zeitung vom Postdebit ausgeschlossen und ebensowenig darf bei der Normierung der Provision, welche für die Beförderung und Debitirung der im Gebiete des deutschen Reiches erscheinenden Zeitungen zu erheben ist, nach verschiedenen Grundsätzen verfahren werden. Die Post besorgt die Annahme der Pränumeration auf die Zeitungen, sowie den ganzen Debit derselben.

Die Zuwiderhandlungen gegen das gemäß §. 14 ausgesprochene Verbot wird nach §. 18 a. a. O. mit Geldstrafe bis zu 1000 Mark oder mit Haft oder mit Gefängniß bis zu 6 Monaten bestraft; sie charakterisirt sich als Vergehen und ist vollendet durch das Auslegen, Abgeben u. s. w.

Wann eine Druckschrift erschienen ist, wann also das Erscheinen vollendet ist, darüber s. oben §. 4 unter „Herausgeber."

Bloß fahrlässige Verbreitung einer nach §. 14 verbotenen periodischen Druckschrift ist nach §. 18 nicht strafbar, da, wie das Reichsgericht bezüglich des vom Delikte gegen §. 17 des Preßgesetzes erforderten subjektiven Thatbestande ausgeführt hat (Bd. 9, S. 269), unter Zuwiderhandlungen des §. 18 Nr. 1 des Preßgesetzes nur die vorsätzlichen Zuwiderhandlungen verstanden werden können (Entsch. d. Reichsger. vom 10. Dezember 1891, Bd. 22, S. 273).

§. 10.

Die sonstigen Ordnungsvorschriften.

A. §. 15 des Preßgesetzes bestimmt: „In Zeiten der Kriegsgefahr oder des Krieges können Veröffentlichungen über Truppenbewegungen oder Vertheidigungsmittel durch den Reichskanzler mittelst öffentlicher Bekanntmachung verboten werden."

Die öffentliche Bekanntmachung, zu deren Erlaß der Reichskanzler befugt ist, wird dementsprechend im Reichsanzeiger zu geschehen haben.

Das Verbot betrifft selbstverständlich nur Veröffentlichungen über Truppenbewegungen oder Vertheidigungsmittel des deutschen Reiches oder seiner Verbündeten.

Zur Verantwortung zu ziehen ist Jeder, der dem Verbote zuwider solche Veröffentlichungen vornimmt, z. B. Drucker, Verfasser, Verleger, Redakteur u. s. w. Er wird gemäß §. 18 des Preßgesetzes mit Geldstrafe bis zu 1000 Mark oder mit Haft oder mit Gefängniß bis zu 6 Monaten bestraft.

B. § 16 des Preßgesetzes: „Oeffentliche Aufforderungen mittelst der Presse zur Aufbringung der wegen einer strafbaren Handlung erkannten Geldstrafen und Kosten, sowie öffentliche Bescheinigungen mittelst der Presse über den Empfang der zu solchen Zwecken gezahlten Beiträge sind verboten."

„Das zufolge solcher Aufforderungen Empfangene oder der Werth desselben ist der Armenkasse des Orts der Sammlung für verfallen zu erklären."

Die Aufforderung muß eine öffentliche sein, d. h. an eine unbegrenzte Personenzahl gerichtet sein, nicht etwa an einen vorher bestimmten, abgeschlossenen Personenkreis. Wenn daher ein Preßerzeugniß nicht öffentlich verbreitet wird, kann diese Bestimmung nicht Platz greifen.

Die Aufforderung muß mittelst der Presse geschehen, d. h. mittelst Preßerzeugnisses im Sinne des §. 2 des Preßgesetzes (cf. §. 3 daselbst).

Geldstrafe und Kosten müssen wegen einer strafbaren Handlung erkannt sein.

Unter strafbaren Handlungen sind sowohl Verbrechen und Vergehen als auch Uebertretungen zu verstehen. Eine Uebertretung im Sinne des Strafgesetzbuches ist auch die Uebertretung einer Polizei-Verordnung.

Ob auch disziplinarisch strafbare Handlungen hierher zu rechnen sind, ist zweifelhaft. Ich verneine es, da es sich in diesen Fällen nicht um strafbare Handlungen im Sinne des Strafgesetzbuches handelt, solche aber in §. 14 des Preßgesetzes nur gemeint sein können.

Eine fernere Voraussetzung ist, daß wegen einer strafbaren Handlung bereits die Verurtheilung erfolgt ist, wenn es auch ohne Einfluß ist, ob die Verurtheilung rechtskräftig ist oder nicht.

Nur die Geldstrafe selbst und die durch das Verfahren entstandenen Kosten (einschließlich der durch die Strafvollstreckung entstandenen Kosten) sind Gegenstand des Verbots. Andere öffentliche Aufforderungen mittelst der Presse liegen bereits außerhalb des Rahmens dieser Bestimmung, bezw. des Zweckes derselben.

Das zufolge der öffentlichen Aufforderung Empfangene oder der Werth desselben ist vom Richter für verfallen zu erklären.

Alles, was für die erkannte Geldstrafe und die Kosten eingegangen ist, ist der Konfiskation unterworfen. Ob es noch in den Händen des Auffordernden ist oder in den des Verurtheilten oder eines Dritten ist gleichgültig, auch dann wenn das Empfangene schon verbraucht ist, da ja ebenso der Werth der Verfallerklärung unterliegt.

Zuwiderhandlungen werden gemäß §. 18 Ziff. 1 mit Geldstrafe bis zu 1000 Mark oder mit Haft oder mit Gefängniß bis zu 6 Monaten bestraft, sind also Vergehen. Strafbar ist der zur Aufbringung des Geldes Auffordernde, es kann dies der Verleger, der Drucker, der Redakteur sein, es kann aber auch der Verurtheilte selbst oder ein Dritter sein.

C. §. 17 des Preßgesetzes: „Die Anklageschrift oder andere amtliche Schriftstücke eines Strafprozesses dürfen durch die Presse nicht eher veröffentlicht werden, als bis dieselben in öffentlicher Verhandlung kundgegeben worden sind oder das Verfahren sein Ende erreicht hat."

Anklageschrift oder andere amtliche Schriftstücke eines Strafprozesses.

Hierher gehören alle als Beweismittel dienenden Schriftstücke, als: Gutachten, Protokolle über Zeugenvernehmungen, gerichtlicher Augenschein, Vertheidigungsschriften, Repliken, Privatklage, Erklärungen des Nebenklägers u. s. f.

Es wird aber stets in jedem einzelnen Falle immer der Feststellung bedürfen, ob ein amtliches Schriftstück vorliegt, und zwar ein amtliches Schriftstück eines Strafprozesses.

Entscheidung des Reichsgerichts vom 5. Juli 1883, Bd. 9, S. 193: „Ein zur gerichtlichen Voruntersuchung in einem Strafprozesse erhobenes Gutachten eines Sachverständigen bildet ein amtliches Schriftstück im Sinne des §. 17 des Gesetzes über die Presse."

„Ein Bestandtheil des Strafprozesses bildet auch die gerichtliche Voruntersuchung. In diesem Stadium des Strafprozesses wurde zu demselben das Gutachten erhoben bezw. abgegeben, bildet somit ein amtliches Schriftstück des Strafprozesses. Der Charakter eines amtlichen Schriftstückes im Sinne des §. 17 des Preßgesetzes ist daselbst nicht davon abhängig gemacht, ob für den seiner Zeit die That aburtheilenden Richter ein Zwang besteht, dasselbe seiner richterlichen Ueberzeugung zu Grunde zu legen."

Die Veröffentlichung der Abschrift einer dem Staatsanwalte einzureichenden Anzeige ist kein Verstoß gegen §. 17. Entsch. d. Reichsger. v. 30. April 1894, Bd. 25, S. 330.

Veröffentlichung einer polizeilichen Strafverfügung während der Frist zur Stellung des Antrages auf gerichtliche Entscheidung ist unzulässig. Entsch. d. Reichsger. v. 28. Januar 1896, Bd. 28 d. Entscheid.

Nach der Reichsgerichtsentsch. v. 10. Dezember 1891 (Bd. 22, S. 273) ist für die Anwendbarkeit des §. 17 erforderlich, „daß ein Schriftstück als solches, in seiner Eigenschaft als schriftliche Urkunde veröffentlicht worden ist."

Eines Strafprozesses.

„Nicht der äußere Name „öffentliche Klage" oder „gerichtliche Untersuchung", sondern lediglich die innere Natur eines bei einer Strafbehörde anhängigen, gegen bestimmte Personen wegen bestimmter Strafthaten gerichteten Verfahrens ist geeignet, das entscheidende Kriterium für Dasein oder Nichtdasein eines „Strafprozesses" abzugeben. Gewinnt das staatsanwaltschaftliche oder polizeiliche Ermittelungsverfahren in der vorbezeichneten Richtung derartige feste Gliederung, daß man darin prozeßbetheiligte Subjekte und einen erkennbaren Gegenstand der Beschuldigung zu unterscheiden vermag, so wird man darin auch Modalitäten eines „Strafprozesses" erkennen müssen, ohne daß es darauf ankommen kann, ob „öffentliche Anklage" im Sinne des §. 168 St.P.O. erhoben ist oder nicht. Nur so lange diese die Klage vorbereitende Thätigkeit der Staatsanwaltschaft und Polizei sich in gänzlich formlosen Erforschungen bewegt, die keinerlei greifbaren Strafanspruch hervortreten lassen, und bei denen weder von einem förmlichen Anfange noch, wie §. 17 des Preßgesetzes voraussetzt, von einem „Ende" des Verfahrens gesprochen werden kann, wird sich mit Grund die rechtliche „Existenz" eines „Strafprozesses" bestreiten lassen. (Zu vergl. Urth. des preuß. Obertribunals v. 25. Januar 1861 in Oppenhoff, Rechtsprechung, Bd. I, S. 226.)" Entscheidung des Reichsgerichts vom 10. Dezember 1891, Bd. 22, S. 273.

„Die Vorschrift des §. 17 des Preßgesetzes bezieht sich nicht auch auf das ehrengerichtliche Verfahren gegen Rechtsanwälte." Entscheidung des Reichsgerichtes vom 3. November 1880, Bd. 3, S. 42.

Veröffentlichen.

Was ist unter der Veröffentlichung der Anklageschrift oder anderer amtlicher Schriftstücke eines Strafprozesses zu verstehen?

Die Veröffentlichung einer Anklageschrift oder anderer amtlicher Schriftstücke eines Strafprozesses durch die Presse, ehe dieselben in öffentlicher Verhandlung kundgegeben worden sind oder das Verfahren sein Ende erreicht hat, fällt auch dann nach Maßgabe des § 17 des Reichspreßgesetzes unter Strafe, wenn diese Schriftstücke nicht vollständig, sondern nur teilweise, wenn sie nicht ihrem Wortlaute nach, sondern in kurzen, nicht wortgetreuen Mitteilungen, endlich wenn sie auch nicht in einer sie als solche Schriftstücke oder als Theile derselben unmittelbar kenntlich machenden Weise veröffentlicht werden. Immerhin ist aber erforderlich, daß die Kundgebung in einer Art erfolgt, aus welcher ersichtlich ist, es sei ein Schriftstück als solches in seiner Eigenschaft als schriftliche Urkunde veröffentlicht worden.

Die bloße Mittheilung über eine schwebende Untersuchung, sobald sie die That, die Personen der Zeugen und Richter betreffen, nicht aber die Anklageschrift wiedergeben, fällt nicht unter den §. 17, Entscheid. d. Reichsger. v. 24. September 1894, Bd. 26, S. 79.

§. 17 setzt nicht vollständigen oder wörtlichen Abdruck des Schriftstückes voraus.

Weder nach dem Wortlaute des Gesetzes, noch nach dessen Motiven ist die Bestimmung des §. 17 auf vollständigen und wörtlichen Abdruck eines amtlichen Schriftstückes beschränkt, sondern kann auch die Veröffentlichung eines Auszuges oder von Theilen aus demselben, und zwar auch bei nicht wortgetreuer Wiedergabe des Inhalts des amtlichen Schriftstückes, unter §. 17 a. a. O. fallen. Entscheid. d. Reichsger. v. 5. Juli 1883, Bd. 9, S. 193.

„Wann ist die Anklageschrift im Sinne des §. 17 des Reichspreßgesetzes als veröffentlicht anzusehen?

„Es ist nicht erforderlich, daß die Anklageschrift „als solche", also mit dem Worte „Anklageschrift" ausdrücklich bezeichnet sei. Es genügt die fast wörtliche Wiedergabe der Anklageschrift." Entscheid. v. 11. Juni 1896, Bd. 28 der Reichsgerichts-Entscheid.

Die Veröffentlichung muß mittelst der Presse erfolgt sein. Es kommen also nicht bloß periodische Druckschriften, sondern überhaupt jede Druckschrift im Sinne des §. 2 des Preßgesetzes in Betracht (z. B. Flugblätter u. dergl.).

In öffentlicher Verhandlung kundgegeben.

Oeffentliche Verhandlung ist die Hauptverhandlung, die öffentlich, also nicht unter Ausschluß der Oeffentlichkeit stattfindet.

Die Entscheidung des Reichsgerichts vom 3. Januar 1887, Bd. 15, S. 253 führt Folgendes aus:

Gemeinsames Vorbild sowohl des §. 48 des preußischen Preßgesetzes, wie § 17 ist Art. 10 des französischen Preßgesetzes vom 27. Juli 1849, welches verordnet:

Il est interdit de publier les actes d'accusation et aucun acte de procédure criminelle avant qu'ils aient été lus en audience publique.

Hier ist der kritische Zeitpunkt für die Freigabe der Aktenstücke eines Strafprozesses bestimmt und unzweideutig in dem Moment ihrer Verlesung in öffentlicher Gerichtssitzung gesetzt; was an Aktenstücken durch solche „öffentliche Gerichtsverhandlungen" überhaupt nicht zur öffentlichen Kenntniß, zur allgemeinen Kunde des Publikums gebracht worden ist, darf unter allen Umständen nicht publizirt werden.

Die Motive, aus denen man in der preußischen und deutschen Preßgesetzgebung von dem Wortlaute des französischen Art. 10 theilweise abgewichen ist, liegen nicht klar zu Tage. Aus der Entstehungsgeschichte des preußischen Preßgesetzes scheint hervorzugehen, daß man für die Fälle einer Tage und Wochen dauernden Kriminal-Verhandlung den Augenblick der Vorlesung der Anklageschrift rc. als Termin für den Anfang der Publikationsfreiheit noch immer für verfrüht, deshalb für bedenklich ansah und mit der Wendung „bevor die mündliche Verhandlung stattgefunden hat" das der Regel nach mit der Urtheilsverkündigung zusammenfallende Ende der gesammten Hauptverhandlung als entscheidend normiren wollte.

Von diesem Standpunkte konnte man es für gleichgültig halten, ob die einmal beendigte Hauptverhandlung eine öffentliche oder nichtöffentliche gewesen. So lange die Kriminal-Prozedur dauerte, war ihr Gang unbedingt vor jeder Einmischung der Presse durch ungehörige Publikationen geschützt. Das deutsche Reichspreßgesetz hat zwar die Schlagworte „oder das Verfahren sein Ende erreicht hat" dem §. 48 des preußischen Preßgesetzes entlehnt, im Uebrigen aber sich darin wieder der Fassung des französischen Preßgesetzes genähert, daß auch während der Dauer einer Hauptverhandlung die Veröffentlichung amtlicher Schriftstücke des fraglichen Strafprozesses erlaubt sein soll, falls dieselben bereits in öffentlicher Verhandlung kundgegeben worden sind. Damit ist aber das Preßgesetz vom 7. Mai 1874 aber auch wieder zu der schon oben charakterisirten Tendenz des französischen Preßgesetzes zurückgekehrt, welches die Veröffentlichung der Anklageschrift und sonstiger Aktenstücke eines Strafprozesses mittelst der Presse während der Dauer des Strafprozesses nur dann und unter der Bedingung gestattet, daß dieselben ohnehin durch ihre Veröffentlichung in der Gerichtsverhandlung Gemeingut des Publikums geworden sind. Hat eine derartige Veröffentlichung überhaupt nicht stattgefunden, weil überhaupt nicht öffentlich verhandelt worden ist, so sind nach Art. 10 des französischen Preßgesetzes die fraglichen Schriftstücke der Publikationsbefugniß schlechthin, nach §. 17 a. E. des deutschen Preßgesetzes jedenfalls bis dahin entzogen, daß „das Verfahren" sein Ende erreicht hat. Ohne Interesse ist es dabei, zu untersuchen, weshalb der Beginn der fraglichen Publikationsfreiheit hiernach für öffentliche Gerichtsverhandlungen eine andere ist, als für nicht öffentliche, und ob sich durch die Veröffentlichung eines in nicht öffentlicher Verhandlung bereits kundgegebenen Aktenstückes noch eine unstatthafte Beinflussung des Ganges denken läßt. Entscheid. v. 3. Januar 1887, Bd. 15, S. 253.

„Wann ist die Anklageschrift im Sinne des §. 17 des Preßgesetzes als „kundgegeben" anzusehen?"

„Die im §. 17 verlangte Kundgabe muß das Schriftstück als solches betreffen, muß erkennbar machen, daß das Schriftstück den mitgetheilten Inhalt hat."

„Selbstverständlich jedoch muß die Bekanntgabe immer in prozeßordnungsmäßiger Weise, also entweder durch den Vorsitzenden oder mit dessen Zulassung erfolgt sein, da nur er — je nach Umständen unter Mitwirkung des Gerichtes — zu bestimmen hat, welche Schriftstücke kundgegeben werden dürfen." Entscheid. d. Reichsger. vom 4. Juni 1896, Bd. 28.

Von Interesse ist auch die Entscheidung des Reichsgerichtes vom 27. September 1886, Bd. 14, S. 340. Der §. 17 verbietet die Veröffentlichung der Anklageschrift oder anderer amtlicher Schriftstücke eines Strafprozesses durch die Presse, bevor nicht dieselben in öffentlicher Verhandlung kundgegeben worden sind oder das Verfahren sein Ende erreicht hat. Insoweit hierbei die Kundgebung in öffentlicher Verhandlung in Frage kommt, ist dieselbe vom Gesetze nur als die zeitige Grenze für die Geltung des Verbots der Veröffentlichung aufgestellt, keineswegs aber das Verbot inhaltlich auf die Veröffentlichung von Schriftstücken beschränkt, deren Kundgebung in öffentlicher Sitzung stattzufinden hat. Unterbleibt eine solche Kundgebung in der Hauptverhandlung hinsichtlich eines amtlichen Schriftstückes eines Strafprozesses nach positiv gesetzlicher Bestimmung oder nach der konkreten Gestaltung des einzelnen Falles, so folgt daraus nur, daß die Veröffentlichung desselben durch die Presse schlechthin bis zur Beendigung des Verfahrens zu unterlassen ist, nicht aber, daß das Verbot auf die Veröffentlichung desselben sich überhaupt nicht bezieht. Der Umstand, daß nach den Vorschriften der Strafprozeßordnung eine Verlesung oder Kundgebung der Anklageschrift in der Hauptverhandlung nicht geschehen darf, hat daher nur die

Wirkung, daß jede Veröffentlichung der Anklageschrift durch die Presse, welche vor der Beendigung des Verfahrens geschieht, unter das Verbot des §. 17 und die Strafbestimmung des §. 18 des Preßgesetzes fällt. Der Zweck, welchen der §. 17 verfolgt, besteht in dem Schutze der Unbefangenheit der bei Strafverhandlungen betheiligten Personen".

Wir haben also nach dem Wortlaute des Gesetzes zu unterscheiden, daß 1. die Anklageschrift u. s. w. in öffentlicher Verhandlung kundgegeben ist oder 2. das Verfahren sein Ende erreicht hat.

Die Verhandlung muß eine öffentliche gewesen sein, in der die im §. 17 bezeichneten Schriftstücke kundgegeben worden sind. Sind dieselben in nicht öffentlicher Verhandlung kundgegeben worden, dann dürfen sie durch die Presse erst veröffentlicht werden, wenn das Verfahren sein Ende erreicht hat.

Die zweite Bestimmung tritt daher in Wirkung, wenn es überhaupt zu keiner Hauptverhandlung gekommen ist oder die Hauptverhandlung ganz oder theilweise unter Ausschluß der Oeffentlichkeit stattgefunden hat, im letzteren Falle soweit die Oeffentlichkeit ausgeschlossen gewesen ist. Zum Schluß sei noch bemerkt, daß es sich hier immer um Veröffentlichungen handelt, die ihrem Inhalt nach unbedenklich, statthaft sind. Ist der Inhalt einer Veröffentlichung durch die Presse ein strafbarer, so wird die Strafbarkeit der Veröffentlichung nicht dadurch beseitigt, daß dieselbe einen Bericht über das vor Gericht Verhandelte darstellt, woselbst das Berichtete in öffentlicher Verhandlung kundgegeben worden ist. Es würde ja sonst eine strafbare Handlung, die Gegenstand des Strafprozesses ist, mittelst Veröffentlichung von Neuem begangen werden können, ihre strafrechtliche Verfolgung aber durch §. 17 ausgeschlossen werden. Es bleibt vielmehr auch nach Ablauf der für Veröffentlichung von amtlichen Schriftstücken eines Strafprozesses gesetzten Zeitpunkte die Veröffentlichung eine strafbare, wenn das Schriftstück strafbaren Inhaltes ist, wie in der Entscheidung des Obertribunals vom 27. September 1876 ausdrücklich hervorgehoben worden ist.

Im Unterschied hiervon bleiben nach §. 12 des Reichsstrafgesetzbuches wahrheitsgetreue Berichte über Verhandlungen eines Landtages oder einer Kammer eines zum Reiche gehörigen Staates von jeder Verantwortlichkeit frei.

Art. 30 der Reichsverfassung bestimmt: „Die Verhandlungen des Reichstags sind öffentlich.

„Wahrheitsgetreue Berichte über Verhandlungen in den öffentlichen Sitzungen des Reichstages bleiben von jeder Verantwortlichkeit frei."

Hierzu die Entscheidung des Reichsgerichts vom 6. November 1888, Bd. 18, S. 207. Was ist unter wahrheitsgetreuen Berichten über Verhandlungen des Reichstages bezw. eines Landtages zu verstehen?"

„Wahrheitsgetreu sind zunächst solche Berichte, die mit den berichteten Hergängen übereinstimmen."

„Berichte sind erzählende Darstellungen eines historischen Vorganges in seinem wesentlichen Verlaufe".

„Nur diese schützt das Gesetz, nicht also einzelne, aus dem Zusammenhang herausgerissene, wenn auch an sich wortgetreue Aeußerungen, nicht eigene Betrachtungen des Berichterstatters, „Raisonnements über das Verhandelte".

„Das Gesetz schützt ferner nur Berichte über „Verhandlungen". Es ergiebt sich schon aus diesem Wortlaut, daß Reden einzelner Abgeordneten an sich nicht geschützt sein sollen".

„Unter den Berichten über die Verhandlungen sind die „gesammten Debatten" zu verstehen. Die Verhandlungen einer parlamentarischen Körperschaft bestehen nicht in von einander unabhängigen Reden ihrer Mitglieder, sondern setzen sich aus den Vorlagen oder Anträgen, den für oder wider dieselben gehaltenen Reden der Abgeordneten und der Regierungsvertreter, der ordnend eingreifenden Thätigkeit des Präsidenten und den Abstimmungen zusammen. Die Wiedergabe einer einzelnen Rede gewährt ein Bild nur von der Leistung des Redners, nicht von der Verhandlung, die die Körperschaft gepflogen".

Für die Verletzung des §. 17 ist jeder verantwortlich, der die vorzeitige Veröffentlichung einer Anklageschrift u. s. w. veranlaßt, also Redakteur, Verleger, Drucker, Berichterstatter, Einsender.

„Die Verurtheilung aus §§. 17, 18 Nr. 1 des Gesetzes über die Presse vom 7. Mai 1874 wegen vorzeitiger Veröffentlichung der Anklageschrift eines Strafprozesses durch die Presse nach dem Grundsatze „ne bis in idem" wird dadurch nicht ausgeschlossen, daß der Angeklagte wegen Veröffentlichung der nämlichen Anklageschrift durch ein anderes Preßorgan bereits rechtskräftig zu Strafe verurtheilt worden ist.

Das Vergehen gegen §. 17 des Preßgesetzes wird begangen und vollendet durch die Thatsache der verbotswidrig geschehenen Veröffentlichung. Erfolgt dieses mehrfach selbständig durch eine Mehrzahl von an verschiedenen Orten erscheinenden Preßorganen, so ist mit jeder dieser Veröffentlichungen die Strafthat selbständig konsumirt. Identität der That liegt daher bei den verschiedenen Veröffentlichungen nicht vor und die Bestrafung wegen eines solchergestalt begangenen Deliktes ist nicht geeignet, die Bestrafung wegen des durch eine selbständige neue That begangenen gleichen Delikts auszuschließen." Entscheid. d. Reichsger. v. 27. September 1886, Bd. 14, S. 342.

„Zur Strafverhängung aus §. 17 des Preßgesetzes genügt nicht die Thatsache, daß ein Schriftstück eines Strafprozesses vorzeitig durch die Presse verbreitet worden ist, es ist auch der Nachweis eines subjektiven Verschuldens des Verbreiters (dolus) erforderlich". Entsch. d. Reichsger. vom 10. Dezember 1883, Bd. 9, S. 269. Die strafbare Handlung kann also hier nur vorsätzlich geschehen. Sie wird nach §. 18 Ziff. 1 mit Geldstrafe bis zu 1000 Mark oder mit Haft oder mit Gefängniß bis zu 6 Monaten bestraft, ist demnach Vergehen.

§. 11.

Ausnahmen von den Ordnungsvorschriften.

A. §. 12 des Preßgesetzes: „Auf die von den deutschen Reichs-, Staats- und Gemeindebehörden, von dem Reichstage oder von der Landesvertretung eines deutschen Bundesstaates ausgehenden Druckschriften finden, soweit sich ihr Inhalt auf amtliche Mittheilungen beschränkt, die Vorschriften der §§. 6 bis 11 keine Anwendung."

Zu den Gemeindebehörden gehören nicht bloß die Ortsgemeindebehörden, sondern auch die Kommunalbehörden im weiteren Sinne, die Kreis-, Bezirks- und Provinzialbehörden, insofern sich ihre Thätigkeit als kommunale darstellt.

Kirchliche Behörden sind nicht als solche, sondern nur insoweit hierher zu rechnen, als sie Organe des landesherrlichen Kirchenregiments sind (v. Liszt, Reichspreßrecht).

Die Ausnahme gilt aber nur dann für die von den vorstehend genannten Behörden ausgehenden Druckschriften, wenn sich ihr Inhalt auf amtliche Mittheilungen beschränkt, kommt also nur in Anwendung, wenn diese Druckschriften nur amtliche Mittheilungen enthalten. Sobald sie auch andere Mittheilungen, Anzeigen u. s. w. bringen, unterliegen sie gleich den anderen Druckschriften den preßgesetzlichen Bestimmungen. Ebensowenig gilt die Ausnahmebestimmung für die sogenannten Amtsblätter, d. h. Blätter, welche von Behörden als Publikationsorgan benutzt werden und darum deren Bekanntmachungen und dergl. bringen, im Uebrigen aber für Rechnung und Gefahr von Dritten, nicht einer der oben bezeichneten Behörden erscheinen.

B. §. 13: „Die auf mechanischem oder chemischem Wege vervielfältigten periodischen Mittheilungen (lithographirte, autographirte, metallographirte, durchschriebene Korrespondenzen) unterliegen, sofern sie ausschließlich an Redaktionen verbreitet werden, den in diesem Gesetze für periodische Druckschriften getroffenen Bestimmungen nicht."

Es handelt sich hier um Druckschriften, die zwar zur Verbreitung bestimmt sind, die aber zunächst nur den Redaktionstisch interessieren und darum nur zur Verbreitung an Redaktionen bestimmt sind. Wird die Korrespondenz, die als periodische Mittheilung außerdem auf mechanischem oder chemischem Wege vervielfältigt sein muß, über diesen Kreis hinaus an andere Personen verbreitet, dann greift das Vorrecht nicht Platz.

Die in Frage stehenden Druckschriften sind nur von den für periodische Druckschriften gegebenen besonderen Vorschriften befreit (vgl. §§. 7 ff.), nicht aber von den für Druckschriften im Allgemeinen bestehenden Bestimmungen (§. 6 z. B.).

„Das Privilegium des § 13 ist den mittelst der Buchdruckerpresse hergestellten Zeitungskorrespondenzen versagt worden." (Entsch. d. Reichsger. vom 20. Januar 1885, Bd. 11, S. 406).

III. Abschnitt.

Das Preßstrafrecht.

§. 12.

Allgemeines.

Im II. Abschnitt sind die gesetzlichen Bestimmungen erörtert worden, denen die Druckschriften aus ordnungspolizeilichen Gründen unterworfen sind, indem ohne Rücksicht auf den Inhalt selbst bestimmte Formalitäten und Aehnliches beobachtet werden müssen.

Das Preßstrafrecht dagegen befaßt sich mit dem Inhalt einer Druckschrift, untersuchend, ob durch den Inhalt selbst eine strafbare Handlung begangen worden ist. Das Preßstrafrecht ist daher der Inbegriff der Rechtssätze, durch welche die Sühne für Preßvergehen geregelt ist, für „die durch die Presse begangenen strafbaren Handlungen." Gegenstand des Preßstrafrechts kann nur eine strafbare Handlung sein, die durch den Inhalt einer Druckschrift begangen ist. Zum Wesen einer solchen gehört u. A. die Gedankenäußerung. Darin muß die strafbare Handlung enthalten sein. v. Liszt spricht von „normwidriger Gedankenäußerung" und nennt Preßvergehen: normwidrige Gedankenäußerung in Druckschriften. Um eine solche Gedankenäußerung zum Gegenstande eines Strafprozesses zu machen, ist weiterhin erforderlich, daß die Druckschrift veröffentlicht worden ist, d. h. der Kenntnißnahme einer unbegrenzten Zahl von Personen (dem „Publikum," cf. §. 3 des Preßgesetzes) zugänglich ist. Es ist, um überhaupt von einem Preßdelikte reden zu können, das Moment der Oeffentlichkeit eine wesentliche Voraussetzung. Demnach gehören zwei Momente dazu, um eine strafbare Handlung als durch die Presse begangen zu bezeichnen: a) die Festlegung einer normwidrigen Gedankenäußerung in einer Druckschrift, also Herstellung der letzteren **und** b) die Veröffentlichung der Druckschrift. Wenn daher §. 20 des Preßgesetzes von Handlungen spricht, deren „Strafbarkeit durch den Inhalt einer Druckschrift begründet wird," so soll damit gesagt sein, daß zu einer in einer Druckschrift niedergelegten normwidrigen Gedankenäußerung deren Veröffentlichung hinzukommen muß, soll das Preßvergehen vollendet sein.

Die Zuständigkeit der Gerichte in Preßstrafsachen.

Die sachliche und örtliche Zuständigkeit der Gerichte richtet sich nach den allgemeinen Vorschriften für Strafsachen. Es kommen daher §§. 27, 28, 29, 72, 73, 74,

75, 76, 123, 136 des Gerichtsverfassungsgesetzes in Betracht. Wenn nun §. 29 Abs. 1 des Preßgesetzes sagt: „Zur Entscheidung über die durch die Presse begangenen Uebertretungen sind die Gerichte auch in denjenigen Bundesstaaten ausschließlich zuständig, wo zur Zeit noch deren Aburtheilung den Verwaltungsbehörden zusteht", so ist diese Bestimmung gemäß §. 5 des Einführungsgesetzes zur Strafprozeßordnung vom 1. Februar 1877 noch in Geltung, indem die Entscheidung über die durch die Presse begangenen Uebertretungen (d. h. Uebertretungen und Vergehen) nur den Gerichten zusteht, nicht also mittelst polizeilicher Strafverfügung getroffen werden kann; im Uebrigen aber sind an ihre Stelle die §§. 12 und 13 des Gerichtsverfassungsgesetzes vom 27. Januar 1877 getreten, ebenso wie Abs. 2 des §. 29 des Preßgesetzes durch §§. 142, 143 des Gerichtsverfassungsgesetzes gegenstandslos geworden ist.

Nach §. 6 des Einführungsgesetzes zum Gerichtsverfassungsgesetz bleiben die bestehenden landesgesetzlichen Vorschriften über die Zuständigkeit der Schwurgerichte für die durch die Presse begangenen strafbaren Handlungen unberührt. Diese Bestimmung hat natürlich keine Anwendung auf die Fälle, in welchen das Reichsgericht schon in erster Instanz zuständig ist.

Solche landesgesetzliche Bestimmungen bestehen z. B. in Bayern (Ausführungsgesetz z. Gerichts-Verf.-Ges. v. 23. Februar 1879), Baden (Ges. betreff. d. Einführung der Reichsjustizgesetze v. 3. März 1879), Württemberg (Ausf.-Ges. zum Ger.-Verf. v. 24. Januar 1879).

Für die örtliche Zuständigkeit sind die entsprechenden Bestimmungen der Strafprozeßordnung maßgebend:

§. 7 daselbst: „Der Gerichtsstand ist bei demjenigen Gerichte begründet, in dessen Bezirk die strafbare Handlung begangen ist."

Bei Preßvergehen ist daher der Ort der begangenen

strafbaren Handlung dort, wo die Veröffentlichung stattfindet, die Druckschrift erscheint.

§. 8 a. a. O.:

„Der Gerichtsstand ist auch bei demjenigen Gerichte begründet, in dessen Bezirk der Angeschuldigte zur Zeit der Erhebung der Klage seinen Wohnsitz hat.

Hat der Angeschuldigte einen Wohnsitz im Deutschen Reich nicht, so wird der Gerichtsstand auch durch den gewöhnlichen Aufenthaltsort und, wenn ein solcher nicht bekannt ist, durch den letzten Wohnsitz bestimmt."

Wohnsitz ist der Ort, welcher als der Mittelpunkt der wirthschaftlichen und privatrechtlichen Thätigkeit einer Person erscheint.

Vgl. auch §§. 8—21 der Strafprozeßordnung.

Wegen des Verfahrens s. auch §. 29 des Preßgesetzes. Im Uebrigen gelten hierfür die strafprozessualen Vorschriften, ebenso für die Zeugnißpflicht.

§. 18.

Die speziellen Bestimmungen für Preßdelikte.

I.: § 20 des Preßgesetzes: „Die Verantwortlichkeit für Handlungen, deren Strafbarkeit durch den Inhalt einer Druckschrift begründet wird, bestimmt sich nach den bestehenden allgemeinen Strafgesetzen.

Ist die Druckschrift eine periodische, so ist der verantwortliche Redakteur als Thäter zu bestrafen, wenn nicht durch besondere Umstände die Annahme seiner Thäterschaft ausgeschlossen wird."

Hierher gehört auch die Bestimmung des Handelsgesetzbuches Artikel 249d: „Mit Gefängniß bis zu einem Jahre und zugleich mit Geldstrafe bis zu 10000 Mark wird bestraft: wer in öffentlichen Bekanntmachungen wissentlich falsche Thatsachen vorspiegelt oder wahre Thatsachen entstellt, um zur Betheiligung an einem Aktienunternehmen zu bestimmen."

„Zugleich kann auf Verlust der bürgerlichen Ehrenrechte erkannt werden. Sind mildernde Umstände vorhanden, so tritt ausschließlich die Geldstrafe ein."

„Ist die öffentliche Bekanntmachung ad 1 im Inseratentheil einer periodischen Druckschrift erfolgt und der Verfasser des Inserats nicht nur unter demselben genannt, sondern auch in dem Bereiche der richterlichen Gewalt eines deutschen Bundesstaates, so findet §. 20 Abs. 2 des Gesetzes über die Presse vom 7. Mai 1874 keine Anwendung."

A. Das durch eine Druckschrift begangene Preßdelikt.

Der §. 20 Abs. 1 kann nur dann Anwendung finden, wenn der Inhalt einer Druckschrift objektiv Strafbares enthält, so daß das Preßvergehen von jedermann begangen ist, welcher die Druckschrift veröffentlicht. Ein Preßvergehen liegt nach der Erkenntniß des pr. Obertribunals v. 21. Juni 1877 nicht vor, wenn die Druckschrift nur wegen der persönlichen Stellung des Einsenders oder Verfassers, z. B. als Beamter, Geistlicher u. s. w., gegen denselben zum Gegenstande einer Anklage wegen Verletzung einer besonderen gerade ihm obliegenden Verpflichtung gemacht werden kann. (Kloeppel, Reichspreßrecht, S. 375.)

Reichsgerichtsentsch. v. 23. Dezember 1881, Bd. 5 d. Entsch., S. 354:

„Voraussetzung für das Preßdelikt ist, daß der Inhalt der Druckschrift den Thatbestand einer strafbaren Handlung begründet, daß es sich also nicht um eine Uebertretung preßpolizeilicher Vorschriften handelt, daß aber die strafbare Handlung durch Verbreitung der Druckschrift begangen ist. Auf diesen Ausgangspunkt der ganzen Disposition ist mit den Eingangsworten: begründet der Inhalt einer Druckschrift den Thatbestand einer strafbaren Handlung hingewiesen. Der Verbreitung der Druckschrift als eines nothwendigen Merkmals ist nicht besonders gedacht, weil die Verbreitung überhaupt ein wesentliches Moment im Thatbestande derjenigen Preßdelikte ist, welche in strafgesetzwidriger Gedankenäußerung bestehen."

Zu den strafbaren Handlungen gehören nicht bloß die Verbrechen, Vergehen und Uebertretungen, sondern auch die durch Polizei-Verordnungen mit Strafe bedrohten Handlungen, wie das Kammergericht am 21. Dezember 1891 entschieden hat.

Die bestehenden allgemeinen Strafgesetze.

Unter den „bestehenden" allgemeinen Strafgesetzen sind die jeweilig bestehenden zu verstehen. Ob sie bereits vor dem Inkrafttreten des Preßgesetzes bestanden haben oder erst später erlassen worden sind, ist ohne Einfluß. Ebenso ist es ohne Unterschied, ob die Strafgesetze Reichs- oder Landesgesetze sind. Für alle diese Gesetze ist aber nothwendige Voraussetzung, daß sie jedermann verpflichten, nicht bloß einzelne Theile der Bevölkerung.

In erster Linie kommen daher die Bestimmungen des Reichsstrafgesetzbuches in Betracht, insbesondere auch die allgemeinen Bestimmungen des ersten Theiles desselben, z. B. über Thäterschaft, Theilnahme, Anstiftung u. s. f.

Im Unterschied zu §. 21 des Preßgesetzes handelt §. 20 l. c. von dem dolos (vorsätzlich) begangenen Preßdelikt.

Wer für das nach §. 20 Abs. 1 strafbare Preßdelikt zur Verantwortung zu ziehen ist, bedarf in jedem Falle der besonderen Feststellung. Es kann der Verfasser des strafbaren Inhalts einer Druckschrift sein, ebenso auch der Herausgeber, allein oder zusammen mit dem Verfasser (Mitthäterschaft), als Thäter in Betracht kommen; ferner der Drucker, Verbreiter. Es kommen als Thäter nicht bloß die im §. 21 des Preßgesetzes bezeichneten Personen, sondern auch außerhalb dieses Kreises stehende in Frage, sofern sie die Schuld für das Preßdelikt trifft.

Kloeppel spricht sich hierüber in klarer Fassung folgendermaßen aus:

„Nach dem Begriffe der That des Preßvergehens ist Thäter derjenige, welcher die Veröffentlichung einer Druckschrift strafbaren Inhalts schuldhaft verursacht hat. Bei der nichtperiodischen Druckschrift ist dies der Verleger oder wer sie im Selbstvertriebe veröffentlicht, wenn er den strafbaren Inhalt kennt, der Verfasser, Herausgeber und jeder Andere, der mit Kenntniß des Inhalts die Schrift zur Veröffentlichung bestimmt, wenn sie zufolge dieser Bestimmung als Druckschrift veröffentlicht wird. Der Verfasser ist als solcher allein niemals, und neben dem Herausgeber nur dann Thäter, wenn er diesem die Schrift zur Veröffentlichung unter der Bedingung unveränderten Abdrucks übergeben hat, oder der Herausgeber nach den Umständen der Uebergabe annehmen konnte und mußte, daß sie ihm nur unter dieser Voraussetzung übergeben werde. Dies wird aber bei vollständig ausgearbeiteten Schriften, welche der Verfasser wegen Abwesenheit oder als Bestandtheil eines Sammelwerkes einem Andern zur Herausgabe aushändigt oder übersendet, so lange anzunehmen sein, als nicht dem Herausgeber die Befugniß, nach seinem Ermessen Aenderungen vorzunehmen, ausdrücklich oder nach der aus den Umständen zu entnehmenden Absicht eingeräumt ist. Ueberall aber, wo der Herausgeber sich diese Befugniß zuschreiben konnte und mußte, ist neben ihm der Verfasser nicht wegen bloßen Vorsatzes als Thäter verantwortlich zu machen; und ebensowenig der Drucker, der nicht zugleich Verleger ist, auch wenn er den strafbaren Inhalt der Druckschrift gekannt hat. Unter der gleichen Voraussetzung wie der Verleger macht sich endlich derjenige des Preßvergehens schuldig, welcher eine Druckschrift strafbaren Inhalts, mag sie veröffentlicht oder noch nicht veröffentlicht sein, verbreitet, d. h. einzelne Abdrücke einer unbestimmten Vielheit von Personen zugänglich macht. Da der Begriff des Preßvergehens eine Mehrheit selbständiger Thäter nicht ausschließt, so ist die Thäterschaft mehrerer Personen nach den dargelegten Voraussetzungen für jede derselben besonders und unabhängig von der Thätigkeit der Uebrigen festzustellen, so lange nicht die begrifflichen Voraussetzungen der Theilnahme gegeben sind."

In einem anderen Kapitel führt Kloeppel aus:

„Die Bestimmung der Verantwortlichkeit für Preßvergehen nach den allgemeinen Strafgesetzen schließt auch die Anwendung der Grundsätze über Theilnahme (§§. 45—47 Strafgesetzbuch) ein. Jede Theilnahme an der Strafthat eines Anderen aber setzt nothwendig die auf ihren verletzenden Erfolg gerichtete Absicht voraus, die bei Preßvergehen niemals aus der bloßen Kenntniß des veröffentlichten Gedankeninhalts gefolgert, also auch gegen den verantwortlichen Redakteur nicht auf Grund des §. 20 Abs. 2 des Reichspreßgesetzes festgestellt werden kann.

Da ferner die Handlung, durch welche das Preßvergehen ausgeführt wird, nur durch denjenigen begangen werden kann, welcher die Druckschrift erscheinen läßt, so ist auch eine gemeinschaftliche Ausführung (§. 47 des Strafgesetzbuchs) des Preßvergehens nur im Wege einer bestimmenden Einwirkung auf diese Handlung denkbar, die auch bei Feststellung des bloßen Vorsatzes zur Begründung der Thäterschaft ausreicht. Die Feststellung der Absicht ändert also an dem Verhältnisse der Thäterschaft nichts, es kann Niemand Mitthäter sein, der nicht auch unabhängig von der That eines Anderen als Thäter zu erachten wäre, so daß der Begriff des Mitthäters für das Preßvergehen ohne Bedeutung ist. Weiter ist nicht nur für den Verleger und wer die Druckschrift im Selbstvertriebe erscheinen läßt, sondern auch für diejenigen, deren Thäterschaft nur in der Bestimmung zur Veröffentlichung der Schrift eines Anderen (Herausgeber und Redakteur) oder der Verbreitung einer hergestellten Druckschrift besteht, sowohl das Verhältniß der Anstiftung (§ 48 Strafgesetzb.) wie das der Beihülfe (§. 49 a. a. O.) ausgeschlossen. Verfasser und Einsender können nicht Anstifter des Preßvergehens sein, da ihre bestimmende Einwirkung auf die Veröffentlichung sie schon zu Thätern macht, wohl aber nur Gehülfen sein; dagegen ist Anstiftung des Verfassers oder Einsenders möglich.

Gehülfe endlich kann jeder sein, der fremde Gedanken zum Zwecke der Veröffentlichung niederschreibt oder irgendwie zur Herstellung des Körpers der Druckschrift mitwirkt, also nicht nur der Drucker im Sinne des Unternehmers oder Betriebsleiters, sondern auch jeder, der im Druckereibetriebe beschäftigt ist, vorausgesetzt nur, daß ihre auf den strafbaren Erfolg gerichtete Absicht wirklich festgestellt werden kann, in welchem Falle sie bei mangelnder Kenntniß des Verlegers oder Redakteurs selbst Thäter werden können."

B. Das durch eine periodische Druckschrift begangene Preßdelikt.

Der §. 20 Abs. 1 des Preßgesetzes gilt für alle Druckschriften im Sinne des Preßgesetzes, demnach auch für periodische Druckschriften. Für letztere enthält aber der genannte Paragraph in Abs. 2 noch eine besondere Vorschrift, indem bei diesen Druckschriften der verantwortliche Redakteur als Thäter zu bestrafen ist, wenn nicht durch besondere Umstände die Annahme seiner Thäterschaft ausgeschlossen wird.

Das Motiv zu dieser den verantwortlichen Redakteur besonders verpflichtenden Bestimmung ist gerade wie für die im §. 7 enthaltene Vorschrift in der großen Macht der periodischen Druckschrift zu suchen, eine Macht, welche auf der Oeffentlichkeit und der Verbreitung der Presse basirend, durch die besondere strafrechtliche Haftung des verantwortlichen Redakteurs zwecks Verhütung bezw. Ahndung des Mißbrauches dieser Macht paralysirt werden mußte, da ja bei Preßvergehen die Thäterschaft einer bestimmten Person nachzuweisen mit Schwierigkeiten verknüpft ist.

Der verantwortliche Redakteur wird „als" Thäter bestraft. Daraus ergiebt sich die Folgerung, daß seine Bestrafung aus §. 20 Abs. 2 nur dann eintreten kann, wenn er nicht selbst der Thäter, d. h. der Urheber, der Verfasser der zur Veröffentlichung gelangten strafbaren Gedankenäußerung ist, da in diesem Falle Abs. 1 a. a. O. in Anwendung kommen muß. Natürlich bleibt durch die Bestrafung des verantwortlichen Redakteurs es unbenommen, auch den Verfasser des inkriminirten Artikels zur Rechenschaft zu ziehen. Die Begriffe der Thäterschaft, Mitthäterschaft u. s. w. finden ungeachtet der Bestimmung des §. 20 Abs. 2 volle Anwendung.

Die Rechtsanschauungen über die durch diese Bestimmung geschaffene Stellung des verantwortlichen Redakteurs sind verschiedene. Es sind darüber mehrere Systeme aufgestellt worden. Von praktischer Bedeutung ist die Auffassung, welche das höchste Gericht, das Reichsgericht, zum Ausdruck bringt. In dem Beschluß der vereinigten Strafsenate vom 6. Juni 1891 heißt es: „Der Abs. 2 enthält nur eine Beweisvermuthung und eine Abweichung von den allgemeinen strafprozessualen Grundsätzen der freien Beweiswürdigung. Wer die Stellung eines verantwortlichen Redakteurs einer periodischen Druckschrift übernommen und in dieser Eigenschaft das Erscheinen derartiger Preßerzeugnisse veranlaßt hat, der hat die Vermuthung mit seinem Wissen und Willen geschehener Veröffentlichung des gesammten Inhalts der Druckschrift stets dergestalt gegen sich, daß diese Vermuthung als gesetzliche Regel so lange gegen ihn streiten soll, bis sie durch besondere Umstände als ausnahmsweise im Einzelfalle nicht zutreffend besonders entkräftet wird. Der Abs. 2 bezweckt keineswegs den im Abs. 1 vorangestellten Grundsatz der Herrschaft der allgemeinen Strafgesetze dem Redakteur gegenüber zu durchbrechen, er will nur die Führung des Anklagebeweises erleichtern."

Hiernach können unter besonderen Umständen, welche die Annahme der Thäterschaft des verantwortlichen Redakteurs ausschließen, nur solche Umstände zu verstehen sein, durch die im konkreten Falle der Nachweis geliefert wird, daß die Veröffentlichung des strafbaren Artikels ohne Wissen und Willen des verantwortlichen Redakteurs erfolgt ist und daß letzterer von dem Artikel kein Wissen haben konnte, jede Schuld daher ausgeschlossen ist.

Im Nachfolgenden sei durch eine Reihe von Entscheidungen des Reichsgerichts dessen Anschauung dargelegt:

Die strafrechtliche Verantwortlichkeit kann der Redakteur nicht schon dadurch von sich abwenden, daß er den Nachweis führt, daß er von dem Inhalte der veröffentlichten Druckschrift oder einzelner Theile derselben vor der Veröffentlichung keine Kenntniß hatte. Es bedarf vielmehr der Feststellung besonderer Umstände, durch welche die an sich gesetzlich begründete Annahme der Thäterschaft ausgeschlossen wird. Die besonderen Umstände setzen solche Fälle voraus, in welchen der verantwortliche Redakteur von dem strafbaren Inhalte vor der Veröffentlichung Kenntniß zu nehmen thatsächlich verhindert war, die Nichtkenntniß daher außer seinem Willen liegt. Entsch. v. 14. November 1879, Bd. 1, S. 14.

Die Nennung des Verfassers gewährt dem Redakteur keinen Schutz gegen die Strafe als Thäter.

Durch zeitigen Nachweis des Verfassers oder Einsenders eines durch die periodische Presse veröffentlichten, inhaltlich strafbaren Artikels wird die Verantwortlichkeit des Redakteurs nur insofern ausgeschlossen, als die Ahndung wegen Fahrlässigkeit aus Preßgesetz §. 21 erfolgt; dagegen gewährt derjenigen Verantwortlichkeit, welche auf den vorliegend angewendeten §. 21 sich gründet, jener Nachweis keinen strafrechtlichen Schutz. Entsch. v. 26. April 1880, Bd. 2, S. 28.

Zu den besonderen Umständen, welche die Annahme der Thäterschaft des Redakteurs einer periodischen Druckschrift ausschließen, gehört nicht die Thatsache, daß derselbe mit der Leitung des die strafbare Handlung enthaltenden Inseratentheils nicht befaßt ist.

Das Gesetz will eben mit Rücksicht auf die eigenthümlichen Verhältnisse der periodischen Presse und des Redakteurs einer Zeitschrift in dessen Eigenschaft als geistiger Urheber der ganzen Nummer eines Zeitungsblattes die strafrechtliche Verantwortlichkeit des Redakteurs als Thäter nicht von der besonderen Darlegung ihm beiwohnender Kenntniß des strafbaren Inhalts der Druckschrift abhängig machen, und es ist überall kein Anhalt gegeben, zu der auf das Preßgesetz §. 20 Abs. 2 gestützten Anwendung des Strafgesetzbuchs §. 186, mag solche mittelst öffentlicher oder Privatklage angestrebt werden, dem Redakteur gegenüber eine weiterreichende subjektive Voraussetzung zu verlangen. Abgesehen von Strafausschließungsgründen, welche das allgemeine Strafrecht jedem Angeschuldigten gegenüber anerkennt, kann zwar die strafrechtliche Haftung des Redakteurs einer periodischen Druckschrift als Thäter durch besondere Umstände ausgeschlossen werden, allein mit Recht hat das Oberlandesgericht einen solchen ausnahmsweisen Strafbefreiungsgrund darin nicht gefunden, daß, wie in der Nichtigkeitsbeschwerde wiederholt betont wird, Beklagter nach der angeblich bei der B.'er Zeitung bestehenden Geschäftsvertheilung mit Prüfung der für den Inseratentheil bestimmten Artikel nicht befaßt sei.

Als besondere Umstände im Sinne des Preßgesetzes können nur außergewöhnliche Umstände gelten, welche auch einen gewissenhaften Redakteur ohne eigenes Verschulden verhindern, im Einzelfalle die gesetzlich gebotene Thätigkeit auszuüben. Der Redakteur einer periodischen Druckschrift ist aber für den ganzen Inhalt verantwortlich und muß dafür Sorge tragen, daß ihm die zeitige Kenntnißnahme und Prüfung jedes einzelnen Artikels mit Einschluß der Inserate gesichert bleibt. Entsch. v. 26. April 1880, Bd. 2, S. 28.

So wenig der Tagespresse das allgemeine Recht im Sinne des §. 193 des Strafgesetzbuchs zugesprochen werden kann, jedes Vorkommniß, auch wenn es andere blosstellt, in die Oeffentlichkeit zu bringen und zu besprechen, so wenig kann ihr das Recht abgesprochen werden, das Publikum durch Mittheilung der Entscheidung des höchsten Gerichtshofes über die Auslegung und Anwendung der Strafgesetze zu belehren. Es ist dies kein Individualrecht der Tagespresse; sie theilt dasselbe mit jedem Sammelwerk, das solche Entscheidung abdruckt, namentlich wenn eine Zeitung, wie im vorliegenden Falle, regelmäßig solche Entscheidung veröffentlicht. Entscheid. v. 28. Januar 1881, Bd. 3, S. 303.

Ein berechtigtes Interesse der Tagespresse, vermeintliche Uebelstände öffentlich zu rügen, und jedes Vorkommniß, auch wenn es andere in ihrer Ehre verletzt, in die Oeffentlichkeit zu bringen, existirt nicht. (§. 193 des Strafgesetzbuches). Entscheid. v. 16. Dezember 1881, Bd. 5, S. 289.

Die Strafbarkeit aus §. 20 Abs. 2 des Preßgesetzes ist vorhanden, wenn der Inhalt des in die periodische Druckschrift aufgenommenen Inserats den objektiven Thatbestand einer mit Strafe bedrohten Handlung erfüllt und feststeht, daß der Angeklagte die periodische Druckschrift oder den betreffenden Theil derselben als verantwortlicher Redakteur gezeichnet hat. Entscheid. v. 7. Dezember 1881, Bd. 5, S. 801.

Die Unzüchtigkeit einer Druckschrift.

Unzüchtig ist, was das Scham- und Sittlichkeitsgefühl in geschlechtlicher Beziehung gröblich verletzt. Entscheid. v. 19. Februar 1883, Bd. 8, S. 128.

Der verantwortliche Redakteur als Mitthäter des Verfassers. Wegfall der Strafverfolgung gegen den einen, wenn der Strafantrag gegen den anderen zurückgenommen ist.

Es kommen gegen den verantwortlichen Redakteur, sofern nicht besondere Umstände vorliegen, diejenigen Strafbestimmungen zur Anwendung, durch welche der als Thäter zu behandelnde Verfasser des in Frage kommenden Artikels betroffen wird. Wird dieser letztere ermittelt und neben dem verantwortlichen Redakteur der Druckschrift zur Bestrafung gezogen, so sind die beiden Personen hiernach als Mitthäter im Sinne des §. 47 des Strafgesetzbuchs anzusehen. Tritt die Verfolgung der strafbaren Handlung nur auf Antrag ein, so findet nach §. 63 des Strafgesetzbuchs gegen beide Thäter das gerichtliche Verfahren statt, auch wenn nur gegen einen derselben auf Bestrafung angetragen wurde. Ebenso ist nach §. 64 des Strafgesetzbuchs in Folge der rechtzeitigen Zurücknahme des Antrages gegen einen Thäter das Verfahren auch gegen den Mitthäter einzustellen. Entscheid. v. 15. November 1883, Bd. 9, S. 186.

In der Feststellung, daß ein Redakteur zur Zeit des Erscheinens der inkriminirten Artikel nicht unerheblich und zwar derartig erkrankt war, daß er thatsächlich behindert war, von dem strafbaren Inhalt der fraglichen Artikel vor der Veröffentlichung Kenntniß zu nehmen, ist ein Rechtsirrthum nicht zu finden, daß durch besondere Umstände die Annahme der Thäterschaft des Angeklagten für ausgeschlossen erachtet ist. Der Angeklagte ist aber wegen Fahrlässigkeit aus §. 21 zu bestrafen, da er während seiner Krankheit um die Redaktion der Zeitung sich nicht gekümmert, auch für eine ordnungsmäßige Vertretung nicht Sorge getragen, da er weder die Anwendung der pflichtmäßigen Sorgfalt noch Umstände nachgewiesen habe, welche diese Anwendung unmöglich gemacht haben. Entscheid. v. 5. Februar 1884, Bd. 10, S. 82.

Der verantwortliche Redakteur ist ohne weiteren Nachweis eines Dolus als Thäter zu bestrafen, wenn nicht durch besondere Umstände die Annahme seiner Thäterschaft ausgeschlossen ist.

Der Redakteur kann trotz der Vorschrift des §. 20 des Preßgesetzes in seiner Person begründete Strafausschließungsgründe, namentlich auch unter Berufung auf §. 59 des Strafgesetzbuchs geltend machen. Entscheid. v. 28. März 1884, Bd. 10, S. 229.

Der Redakteur kann die Verantwortlichkeit nur dann mit Erfolg ablehnen, wenn er nachweist, daß ihm der strafbare Inhalt bei der Veröffentlichung unbekannt war und diese Unkenntniß nicht auf seinem Verschulden beruhte.

Das Hinderniß, durch welches im einzelnen Falle die Möglichkeit einer Prüfung seitens des Redakteurs ausgeschlossen worden ist, darf nicht ein solches sein, welches von dem Redakteur absichtlich herbeigeführt oder fahrlässig verschuldet worden ist.

Krankheit des Redakteurs kann als ein besonderer Umstand nur angesehen werden, sobald sie es dem Redakteur im konkreten Falle schlechthin unmöglich gemacht hat, sich mit der Redaktion des betreffenden Preßerzeugnisses zu befassen und irgend einen maßgebenden Einfluß auf dasjenige auszuüben, was veröffentlicht werden soll, oder was als wegen seines strafbaren Inhalts zur Veröffentlichung nicht geeignet von der Veröffentlichung auszuschließen sei. In diesem Sinne wird auch Krankheit zu den besonderen Umständen des §. 20 Abs. 2 des Preßgesetzes gezählt werden können. Entscheid. v. 24. November 1884, Bd. 11, S. 316.

Veränderung des vom Redakteur einer periodischen Druckschrift geprüften und gebilligten Textes durch den

Drucker gilt als besonderer Umstand im Sinne des §. 20 des Preßgesetzes.

Welcher Art die besonderen Umstände sein müssen, hat das Gesetz nicht definirt. Es folgt aber aus dem dem §. 20 Abs. 2 unterliegenden Gedanken, daß jedenfalls auch solche Umstände gemeint sind, welche bewirkt haben, daß, ungeachtet der Redakteur seine Aufgabe, das für die Druckschrift gesammelte Material auf die Strafbarkeit des Inhalts zu prüfen, ehe es in die Druckschrift gelangt, erfüllt hatte, in die Druckschrift ein anderer Inhalt gelangte, als der von ihm bestimmte. Dies kann namentlich durch absichtliche oder unabsichtliche Thätigkeit des Setzers vorkommen, und ausdrücklich wurde bei der Berathung des Gesetzes anerkannt, die obige Vermuthung der Verfasserschaft des Redakteurs müsse als durch einen besonderen Umstand widerlegt erachtet werden, wenn der Setzer hinter dem Rücken desselben absichtlich oder unabsichtlich einen anderen Text der Druckschrift hergestellt habe, als den von jenem angeordneten. Entscheid. v. 13. April 1885, Bd. 12, S. 294.

Der verantwortliche Redakteur einer Zeitung ist nicht gesetzlicher Vertreter der Zeitung im Sinne des §. 65 des Strafgesetzbuchs. Er ist Vertreter der Zeitung nur in der in den §§. 20, 21 des Preßgesetzes ganz bestimmt bezeichneten Richtung der strafrechtlichen Verantwortlichkeit für die durch die Zeitung begangenen strafbaren Handlungen. Damit ist eine Vertretung der Zeitung lediglich als Pflicht nicht als Recht statuirt. Noch weniger statuiren die §§. 20, 21 des Preßgesetzes eine rechtliche Präsumtion dafür, daß der verantwortliche Redakteur einer Zeitung, der durch die Angriffe gegen eine Zeitung Beleidigte ist. Sie haben mit dieser Frage überhaupt nichts zu thun.

Die geistige Urheberschaft des Redakteurs bezüglich eines Artikels kommt so wenig in Betracht, daß er als Thäter strafbar sein kann, selbst wenn er schuldhaft die vom Gesetze vorausgesetzte Mitwirkung bei Annahme und

Abdruck unterläßt, und daß er als Thäter straflos sein kann, wenn der Artikel ohne sein Mitwirken oder unter anderen Umständen, welche die Annahme seiner Thäterschaft ausschließen, aufgenommen ist. Entscheid. v. 4. Dezember 1885, Bd. 13, S. 126.

Verantwortlicher Redakteur.

Modifizirte Anwendbarkeit der gesetzlichen Strafverfolgungs- oder Schuldausschließungsgründe auf denselben. Der Redakteur nicht bloß Verfasser, sondern Thäter.

Mangelnde geistige Befähigung des Redakteurs zum Verständnisse des strafbaren Inhalts der Druckschrift kein Grund für die Ausschließung der Thäterschaft.

Die Verantwortlichkeit für die durch die Presse begangenen Handlungen ist durch die §§. 20 und 21 des Preßgesetzes geregelt.

Die Anwendung der allgemeinen Strafgesetze, die in §. 20 Abs. 1 als Grundsatz vorangestellt ist, ist nicht für ausreichend erachtet worden, um die Wirksamkeit des Strafgesetzes auch gegenüber der periodischen Presse zu sichern. Der §. 20 Abs. 2 giebt deshalb mit dem Satze, daß der verantwortliche Redakteur zu strafen ist, wenn nicht geradezu eine Ausnahme, so doch eine vom Gesetze selbst bestimmte besondere Anwendung der allgemeinen Strafnormen auf die periodische Presse. Es ist also mit der jetzigen Fassung — und das drückt auch der Wortlaut aus — nicht bloß gesagt, daß der Redakteur ohne Rücksicht auf die gemäß Abs. 1 nach allgemeinen strafrechtlichen Merkmalen festzustellende Art seiner Betheiligung an der Strafthat, ähnlich wie der Anstifter [§. 48 Abs. 2 Strafgesetzbuch] nach demselben Gesetze, wie der Hauptthäter zu bestrafen ist, sondern daß er als Thäter gilt. Zur Bestrafung des Redakteurs genügt hiernach an sich die Verwirklichung des objektiven Thatbestandes einer strafbaren Handlung durch den Inhalt einer periodischen Druckschrift, als deren verantwortlicher Redakteur er auf dem betreffenden Stücke benannt ist.

Der Kommissionsbericht geht davon aus, daß die Verantwortlichkeit des Redakteurs sich nicht auf die Beobachtung der die Ordnung der Presse sichernden untergeordneten Vorschriften beschränke, sondern sich recht eigentlich auf den Inhalt der Schrift beziehe. Die Kommission leitet diese reale Bedeutung der Verantwortlichkeit aus der Natur des Redaktionsgeschäftes ab, indem sie gewissermaßen einen Normal-Redakteur konstruirt, ohne dessen Verfügung kein Artikel zur Erscheinung gelangen kann.

Der Verfasser einer Druckschrift, deren Inhalt objektiv eine strafbare Handlung darstellt, ist darum allein noch nicht Thäter der letzteren, wenn er nicht die Veröffentlichung bewirkt hat; andrerseits ist derjenige, der die Veröffentlichung mit Kenntniß des Inhalts bewirkt, Thäter, wenn er auch nicht Verfasser ist. Die durch das Gesetz begründete Annahme der Thäterschaft umfaßt den vollen subjektiven Thatbestand der durch den Inhalt der Druckschrift objektiv verwirklichten Strafthat, so daß es einer besonderen Feststellung der subjektiven Thatbestandsmerkmale, namentlich der Kenntniß von dem Inhalt des veröffentlichten Artikels oder des erst bei solcher Kenntniß möglichen Bewußtseins von der Tragweite des Inhalts nicht bedürfe.

Die vom §. 20 a. a. O. selbstgegebene Einschränkung, wenn nicht durch besondere Umstände die Annahme seiner Thäterschaft ausgeschlossen wird, hat den Zweck, gegenüber der durch das Gesetz geschaffenen besonderen strafrechtlichen Verantwortlichkeit des Redakteurs auch die Strafausschließungsgründe besonders zu regeln. Dabei ist im Voraus zugegeben, daß sie nicht alle im Theil I Abschnitt 4 des Strafgesetzbuches behandelten Strafausschließungsgründe umfaßt, insbesondere nicht diejenigen, welche die Strafverfolgung ausschließen (z. B. Strafantrag). Hinsichtlich dieser Gründe kommt das Strafgesetz zur vollen Anwendung; denn der Satz, daß der verantwortliche Redakteur als Thäter zu bestrafen ist, hat einerseits die Zulässigkeit der Straflage überhaupt zur nothwendigen Voraussetzung und entscheidet andrerseits nicht über die Strafabmessung.

Schuldausschließungsgründe und zwar sowohl diejenigen, welche im Theil I Abschnitt 4 des Strafgesetzbuchs behandelt werden, als auch die bei einzelnen Strafthaten besonders vorgesehenen, so namentlich §. 193 Strafgesetzbuchs, als die Annahme der Thäterschaft ausschließenden sind Gegenstand des letzten Satzes des §. 20.

Besondere Umstände — außerordentliche.

Im §. 20 handelt es sich an sich nicht um vom Strafgesetze besonders vorgesehene Umstände, welche die Strafbarkeit ausschließen, sondern um im Strafgesetzbuche überhaupt vorhandene Schuldausschließungsgründe. Diese darf der Richter jedoch bloß in besonderen außergewöhnlichen Umständen des einzelnen Falles finden.

Was sind außergewöhnliche Umstände?

Es sollen nach Schwarze Umstände sein, die ausnahmsweise im einzelnen Falle die an sich begründete Verantwortlichkeit wieder ausschließen. Es werden daher Schuldausschließungsgründe nur in außergewöhnlichen Umständen des einzelnen Falles gefunden werden können, welche außerhalb des Willens des Redakteurs liegen, auch nicht durch seine Fahrlässigkeit herbeigeführt sind. Entsch. v. 22. April 1887, Bd. 16, S. 16.

Wenn der verantwortliche Redakteur behauptet, er habe erst durch das Lesen der bereits ausgegebenen Nummer von dem darin enthaltenen strafbaren Artikel Kenntniß erlangt, so behauptet er einen besonderen, die Strafbarkeit als Thäter ausschließenden Umstand, und das Gericht kann den Angeklagten nicht auf Grund des §. 20 Abs. 2 des Reichspreßgesetzes strafen, wenn sie den vom Angeklagten behaupteten Umstand für nachgewiesen erachtet. Die Erwägung, daß der verantwortliche Redakteur verpflichtet sei, den ganzen Inhalt der Druckschrift zu prüfen und daß er, wenn er dieser Verpflichtung aus Fahrlässigkeit nicht nachgekommen, nach §. 20 Abs. 2 a. a. O. als Thäter zu strafen sei, beruht auf der Auslegung des §. 20 Abs. 2, welche in dem Beschluß der vereinigten Strafsenate vom 6. Juni 1891 als rechtsirrthümlich nachgewiesen worden ist. Entscheid. vom 5. Juni 1894, Bd. 25, S. 404.

Der Redakteur ist nicht verantwortlich für ein durch Druckfehler veranlaßtes Delikt, wenn er den Druckbogen nicht selbst korrigirt hat. Entscheid. v. 25. Juni 1894, Bd. 26, S. 45.

Der verantwortliche Redakteur erlangt den Schutz des §. 193 Strafgesetzbuchs dadurch nicht, daß dieser dem Verfasser des beleidigenden Artikels zu statten kommt. Entsch. v. 29. Juni 1894, Bd. 26, S. 18.

Der verantwortliche Redakteur einer periodischen Druckschrift haftet als Thäter für ein Inserat strafbaren Inhalts auch dann, wenn er nach der Drucklegung desselben geäußert hat, er werde seine Aufnahme in der Zeitung nicht dulden. Entsch. v. 4. Juli 1895, Bd. 27, S. 338.

Der verantwortliche Redakteur als solcher haftet nicht für Zuwiderhandlungen gegen §. 6 des Preßgesetzes; seine Verantwortlichkeit bezieht sich, abgesehen von den ihm in den §§. 10 und 11 auferlegten besonderen Pflichten, auf den Inhalt der Druckschrift, auf die neben dem Inhalt herlaufenden Angaben aber nur insoweit, als diese ihn selbst betreffen, wie die in §. 7 vorgeschriebenen." Entsch. v. 21. Mai 1895, Bd. 27, S. 246 ff.

II. §. 21 des Preßgesetzes: „Begründet der Inhalt einer Druckschrift den Thatbestand einer strafbaren Handlung, so sind

der verantwortliche Redakteur,
der Verleger,
der Drucker,

derjenige, welcher die Druckschrift gewerbsmäßig vertrieben oder sonst öffentlich verbreitet hat (Verbreiter), soweit sie nicht nach §. 20 als Thäter oder Theilnehmer zu bestrafen sind, wegen Fahrlässigkeit mit Geldstrafe bis zu 1000 Mark oder mit Haft oder mit Festungshaft oder mit Gefängniß bis zu 1 Jahre zu belegen, wenn sie nicht die Anwendung der pflichtgemäßen Sorgfalt oder Umstände nachweisen, welche diese Anwendung unmöglich gemacht haben."

„Die Bestrafung bleibt jedoch für jeden der benannten Personen ausgeschlossen, wenn sie als den Verfasser oder den Einsender, mit dessen Einwilligung die Veröffentlichung geschehen ist, oder, wenn es sich um eine nicht periodische Druckschrift handelt, als den Herausgeber derselben, oder als einen der in obiger Reihenfolge vor ihr Benannten eine Person bis zur Verkündigung des ersten Urtheils nachweist, welche in dem Bereich der richterlichen Gewalt eines deutschen Bundesstaates sich befindet, oder falls sie verstorben ist, sich zur Zeit der Veröffentlichung befunden hat; hinsichtlich des Verbreiters ausländischer Druckschriften außerdem, wenn ihm dieselben im Wege des Buchhandels zugekommen sind".

Ueber die rechtliche Natur des dem Preßgewerbe eigenthümlichen Fahrlässigkeitsdeliktes führt die Reichsgerichts-Entscheidung vom 2. Februar 1886, Bd. 13, S. 319 Folgendes aus:

„Verurtheilung des verantwortlichen Redakteurs aus §. 21 nur zulässig wegen Fahrlässigkeit, nicht wegen der durch den Artikel verübten Strafthat.

Der §. 21 enthält eine den allgemeinen Strafgesetzen fremde, ausschließlich auf den Betrieb des Preßgewerbes bezügliche Strafvorschrift. Es sollen darnach der verantwortliche Redakteur oder andere berufsmäßige mit der Presse beschäftigte Personen für den strafbaren Inhalt einer Druckschrift auch da, wo sie nicht nach §. 20 a. a. O. als Thäter oder Theilnehmer zu bestrafen sind, verantwortlich sein, sofern sie nicht entweder die Anwendung der nach den Umständen möglichen pflichtgemäßen Sorgfalt oder nach Maßgabe des §. 21 Abs. 2 einen erreichbaren Vormann nachweisen. Das Gesetz hat somit in der Herstellung und Verbreitung einer gegen das Strafgesetz verstoßenden Druckschrift eine selbständige culpa gefunden, die außerhalb des Rahmens des Strafgesetzes zu bestrafen ist und darnach ein besonderes dem Preßgewerbe eigenthümliches Fahrlässigkeitsdelikt geschaffen. Diese Auffassung des Preßgesetzes tritt in den Bestimmungen des §. 21 a. a. O. deutlich hervor. Nicht wegen der in der Druckschrift enthaltenen strafbaren Handlung, sondern „wegen Fahrlässigkeit" sollen der verantwortliche Redakteur und die sonst bei der Herstellung oder Verbreitung berufsmäßig Betheiligten bestraft werden, und zwar mit einer Strafe, welche allein aus dem §. 21 a. a. O. selbst zu entnehmen ist und die dort gezogenen Schranken nicht überschreiten darf, ohne Rücksicht darauf, ob durch den Inhalt der Druckschrift der Thatbestand einer Beleidigung, einer Gotteslästerung, eines Sittlichkeitsverbrechens oder irgend eines anderen Deliktes begründet wird".

Die Bestimmung des §. 21 findet, sofern die sonstigen Thatbestandsmerkmale vorhanden sind, nicht bloß auf periodische Druckschriften, sondern auf sämmtliche Druckschriften im Sinne des §. 2 des Preßgesetzes Anwendung.

Die erste Voraussetzung hierfür ist, daß durch den Inhalt einer Druckschrift der Thatbestand einer strafbaren Handlung begründet wird und sodann dieser Inhalt zur Veröffentlichung gelangt. Es kann daher §. 21 sich nicht auf Verletzung der preßpolizeilichen Ordnungsvorschriften beziehen.

Die Strafvorschrift des §. 21 kann nur in Betracht kommen, insofern die Veröffentlichung einer Druckschrift, deren Inhalt den Thatbestand einer strafbaren Handlung begründet (vergl. hier auch das oben unter I Gesagte), auf die Fahrlässigkeit des verantwortlichen Redakteurs u.s.w. zurückzuführen ist.

Ist die Veröffentlichung vorsätzlich, dolos, erfolgt, dann greift an Stelle des §. 21 der §. 20 a. a. O. Platz. Dabei ist es selbstverständlich nicht ausgeschlossen, daß eine der an einer Druckschrift betheiligten Personen aus §. 20, eine andere aus §. 21 des Preßgesetzes bestraft werden kann.

Nur die im §. 21 genannten Personen kann die daselbst angedrohte Strafe treffen, also nur:

1. den verantwortlichen Redakteur,
2. den Verleger,
3. den Drucker,
4. den Verbreiter bei gewerbsmäßigem Vertrieb oder sonstiger öffentlicher Verbreitung.

Einsender, Herausgeber sind hier außer Betracht.

Daß der verantwortliche Redakteur nur in Frage kommen kann, wenn es sich um eine periodische Druckschrift handelt, bedarf wohl erst keiner besonderen Hervorhebung.

Ueber den Begriff der strafbaren Handlung siehe oben das unter I dieses Paragraphen Gesagte.

Wenn gegen eine der im §. 21 genannten Personen bereits eine rechtskräftige Entscheidung aus §. 20 des Preßgesetzes ergangen ist, so kann nicht nochmals Anklage aus §. 21 erhoben werden, und umgekehrt, da dies gegen den Grundsatz „ne bis in idem“ verstoßen würde.

Liszt (Reichspreßrecht) spricht sich hierüber folgendermaßen aus: „Durch die rechtskräftig gewordene gerichtliche Entscheidung über die nach der einen oder nach der anderen Richtung hin erhobene Anklage wird die ganze Sache nach beiden Richtungen hin definitiv erledigt. Nach Freisprechung von der Anklage wegen doloser Thäterschaft steht der neuen Anklage wegen Fahrlässigkeit der Einwand der abgeurtheilten Sache entgegen;

ebenso der Anklage wegen doloser Thäterschaft, wenn der Angeklagte früher nur wegen Fahrlässigkeit verurtheilt wurde. Und in beiden Fällen ebenso umgekehrt. Nur unter den Voraussetzungen, an welche das Gesetz die Zulässigkeit der Wiederaufnahme des Verfahrens knüpft, ist die abermalige Erhebung der Klage zulässig."

„Von demselben Gesichtspunkte aus (nämlich, daß die That, die in Frage steht, mag es sich um die Anschuldigung wegen doloser Thäterschaft, mag es sich um die Anklage wegen Nichtanwendung der pflichtgemäßen Sorgfalt handeln, immer die Begehung des in der Druckschrift enthaltenen Deliktes ist) ist die Frage zu entscheiden, ob, wenn das in der Druckschrift enthaltene Delikt ein Antrags- oder Ermächtigungsdelikt ist, die Stellung des Antrages Bedingung ist für die öffentliche Verfolgung nach §. 21 Reichspreßgesetz; ferner ob, wenn das in der Druckschrift enthaltene Delikt zu den nach der Reichsstrafprozeßordnung auf dem Wege der Privatklage zu verfolgenden gehört, die Verfolgung wegen der preßrechtlichen Fahrlässigkeit ebenfalls auf diesem oder auf dem Wege der öffentlichen Klage zu erfolgen hat (§. 52 des Preßstrafrechts v. Liszt)." Nach Liszt ist eine Strafverfolgung aus §. 21 des Preßgesetzes in diesen Fällen nur zulässig, wenn der zur Verfolgung der strafbaren Handlung erforderlichen Strafantrag gestellt ist bezw. je nachdem das Antragsdelikt auf dem Wege der Privatklage oder öffentlichen Klage verfolgt wird, mittelst desselben Verfahrens (Privatklage oder öffentliche Klage).

Das Fahrlässigkeitsdelikt aus §. 21 ist Vergehen, gleichgültig, ob die durch den Inhalt einer Druckschrift begründete strafbare Handlung selbst Verbrechen oder Vergehen oder Uebertretung ist. Die Strafe ist je nach der gröberen oder leichteren Fahrlässigkeit eine verschiedene: Geldstrafe oder Haft und Festungshaft oder Gefängniß. Die beiden letzten Strafarten dürfen ein Jahr nicht überschreiten.

Die im §. 21 benannten Personen können die Beschuldigung der Fahrlässigkeit auf doppelte Weise zurückweisen:

a) durch den Nachweis der Anwendung der pflichtgemäßen Sorgfalt oder von Umständen, welche diese Anwendung unmöglich gemacht haben;

b) durch Benennung des Verfassers oder Einsenders oder (bei nichtperiodischen Druckschriften) des Herausgebers, verantwortlichen Redakteurs, Verlegers u. s. w., vorausgesetzt, daß die benannte Person sich im Bereiche der richterlichen Gewalt eines deutschen Bundesstaates befindet u. s. w., kurz gesagt: eines Vormannes.

Zu a:

Die pflichtgemäße Sorgfalt ist die gewöhnliche Sorgfalt, welche Jemand bei Ausübung seines Berufes anzuwenden hat. Sie wird bei dem Drucker eine andere sein als bei dem Verleger, bei diesem verschieden sein von der des Verbreiters, u. s. w.

Der Redakteur handelt fahrlässig, wenn er in dem Blatte, das er als verantwortlicher Redakteur zeichnet, Artikel aufnehmen läßt, ohne sie auf ihre etwaige Strafbarkeit geprüft zu haben. Ist er nicht in der Lage, diese Thätigkeit auszuüben, so ist es seine Sache, einen Stellvertreter an seiner Stelle rechtzeitig zu bestellen, der für ihn verantwortlich zeichnet. Der Redakteur hat die Pflicht zu redigiren, wie das Reichsgericht in dem Erkenntniß vom 6. Juni 1881, Bd. 22, S. 65 entschieden hat. „Der verantwortliche Redakteur kann aber für die gesammte druckmäßige Herstellung der von ihm redigirten Zeitung nicht dergestalt verantwortlich erklärt werden, daß er, weil er die Korrektur nicht selbst vorgenommen, ohne Weiteres für unterlaufene, den Sinn entstellende Druckfehler als fahrlässig verschuldet strafrechtlich haftet. Der Redakteur hat nicht die Pflicht, entweder selbst die Korrektur vorzunehmen oder doch diese Korrektur persönlich zu kontrolliren. Es ist selbstverständlich, daß er für die druckmäßige Herstellung des Preßerzeugnisses sich der technischen Hilfskräfte bedienen kann und muß. Trifft den Redakteur in der Auswahl dieses Personals keine Schuld, so ist er nicht strafbar" (Entscheid. d. Reichsgerichts v. 25. Juni 1894, Bd. 26, S. 45).

Daß Umstände, welche die Anwendung der pflichtgemäßen Sorgfalt unmöglich gemacht haben, vorgelegen haben, die den Vorwurf der Fahrlässigkeit mit Erfolg zu entkräften vermögen, muß ebenfalls nachgewiesen werden. Dazu gehören z. B. plötzliche Erkrankung, welche die Bestellung eines Stellvertreters unmöglich macht, die unrichtigerweise erfolgte Benennung als verantwortlicher Redakteur u. s. f.

Zu b:

Die im §. 21 benannten Personen befreien sich ferner von der Beschuldigung der Fahrlässigkeit durch Nennung des Vormannes. Letzterer ist der Verfasser oder Einsender, mit dessen Einwilligung die Veröffentlichung geschehen ist, oder bei nichtperiodischen Druckschriften der Herausgeber oder eine der im §. 21 Abs. 1 angeführten Reihenfolge vor dem Angeklagten benannte Person. Eine bestimmte Reihenfolge einzuhalten ist nicht erforderlich. Der benannte Vormann kann übrigens sich durch Nennung seines Vormannes von der Verantwortung aus §. 21 befreien.

Einen Vormann nachweisen heißt durch geeignete Beweismittel dem Richter glaubhaft machen, daß die als Vormann bezeichnete Person die Verantwortung für den inkriminirten Artikel zu tragen hat.

Der Nachweis muß spätestens bis zur Verkündung des Urtheils erster Instanz geschehen, gleichgültig, ob das Urtheil erster Instanz in der Revisionsinstanz aufgehoben wird oder nicht.

Der Vormann muß zur Zeit des Nachweises durch den Nachmann in dem Bereich der richterlichen Gewalt eines Bundesstaates sein. Hat der Nachmann sich später der Strafgewalt entzogen, so hindert das die Befreiung des Nachmannes nicht. Ist der Vordermann bei Benennung schon verstorben, so genügt es, daß er zur Zeit der Veröffentlichung sich in dem Bereich dieser richterlichen Gewalt befunden hat.

Der Verbreiter einer ausländischen Druckschrift bleibt straflos, wenn ihm dieselbe im Wege des Buchhandels zugekommen ist.

Ausländische Druckschrift ist die im Auslande erscheinende Druckschrift.

Durch die letztere Bestimmung soll der Buchhandel geschützt werden. Es würde derselbe in dem Vertrieb von ausländischen Schriften geschädigt werden, wenn dem Buchhändler bezüglich dieser Schriften nicht Befreiung von der durch §. 21 festgelegten Verantwortung zugebilligt worden wäre, da der Buchhändler nicht in der Lage ist, jedes Buch auf die Strafbarkeit seines Inhalts zu prüfen. Der Buchhändler bleibt daher straffrei, wenn er die Druckschrift im Buchhandel erhalten hat.

Sobald durch den Inhalt einer Druckschrift der Thatbestand einer strafbaren Handlung begründet ist und §. 20 nicht Anwendung finden kann, ist die Beschuldigung der Fahrlässigkeit im Sinne des §. 21 gegen die darin bezeichneten Personen begründet. Einen besonderen Nachweis, worin diese Beschuldigung ihren Grund hat, zu führen, ist nicht nothwendig, vielmehr liegt es dem Angeschuldigten ob, die Unrichtigkeit der Beschuldigung nachzuweisen, die Anschuldigung zu entkräften.

Reichsgerichtsentscheidungen hierzu:

„Die succesive Haftbarkeit des Nachmannes fällt weg, wenn der Vormann durch die Untersuchung ermittelt ist.“ Entscheid. v. 21. Juni 1881, Bd. 4, S. 297.

„Für das in §. 21 aufgestellte Fahrlässigkeitsdelikt ist Voraussetzung, daß der Inhalt der Druckschrift den Thatbestand einer strafbaren Handlung begründet, daß es sich nicht um eine Uebertretung preßpolizeilicher Vorschriften handelt, daß aber die strafbare Handlung durch Verbreitung der Druckschrift begangen ist. Auf diesen Ausgangspunkt der ganzen Disposition ist mit den Eingangsworten „begründet der Inhalt einer Druckschrift den Thatbestand einer strafbaren Handlung" hingewiesen. Der Verbreitung der Druckschrift als eines nothwendigen Merkmals ist nicht besonders gedacht, weil die Verbreitung überhaupt ein wesentliches Moment im Thatbestande derjenigen Preßdelikte ist, welche in strafwidriger Gedankenäußerung bestehen.

Die genannten Eingangsworte stellen dagegen die Strafbarkeit auf den Inhalt der Druckschrift und bringen damit zum Ausdruck, daß es für das Fahrlässigkeitsdelikt des §. 21 ausreicht, wenn der objektive Thatbestand einer strafbaren Handlung durch Druckschrift gegeben ist. Es greift mithin §. 21 auch dann Platz, wenn der strafbare Inhalt dem Verfasser nicht zum Dolus zuzurechnen ist, und findet jener Paragraph insbesondere auch dann Anwendung, wenn ein Urheber nicht zu ermitteln oder nicht bezw. nicht mehr zur Verantwortung zu ziehen ist."

„Nicht die bloße Inhabung bezw. das Eigenthum an einem Verlagsgeschäfte sind ausreichend zur Begründung der Verantwortlichkeit."

Würde dies für ausreichend erachtet worden sein, so hätte das Gesetz auch nach dieser Richtung hin eine formale Verantwortlichkeit in einem verantwortlichen Verleger u. s. w. substituirt. Hierfür bietet aber das Gesetz keinen Anhalt. Aus seiner Stellung als solcher haftet nur der verantwortliche Redakteur und zwar als Thäter eventuell wegen Fahrlässigkeit; Verleger, Drucker und gewerbsmäßiger Verbreiter sind dagegen in §. 21 a. a. O. nur wegen ihrer Thätigkeit verantwortlich gemacht. Wenn daher der Inhaber eines Verlagsgeschäftes die Leitung eines Betriebes einem Stellvertreter überlassen hat, so kann nur dieser, nicht auch der Inhaber aus §. 21 verantwortlich sein."

„Die Bestrafung des Vormannes soll die des Nachmannes ausschließen, so daß eine mehrfache Verurtheilung aus §. 21 nur unter der Voraussetzung möglich ist, daß die Verfolgung in umgekehrter Reihenfolge beginnt und der zur Verantwortung Gezogene einen Vormann nicht mehr nachweisen kann, letzterer aber demnächst von der verfolgenden Behörde erreicht wird." Entscheid. v. 23. Dezember 1881, Bd. 5, S. 354.

Im Anschluß hieran interessirt auch die Reichsgerichtsentscheidung vom 9. Juli 1889, Bd. 19, S. 357, welche Folgendes ausführt: „Wie das Reichsgericht in dem Urtheil vom 23. Dezember 1881 ausgeführt hat, genügt nicht die bloße Innehabung bezw. das Eigenthum an einem Verlagsgeschäfte zur Begründung der strafrechtlichen Verantwortlichkeit aus §. 21 des Preßgesetzes. Der Angeklagte hat in der That die Thätigkeit des Verlegers ausgeübt. Der Angeklagte hat die Oberleitung des von ihm erworbenen Geschäftes geführt und nach jeder Richtung hin die geschäftlichen Dispositionen getroffen, ferner ist erwiesen, daß das inkriminirte Werk in dem Schaufenster der Buchhandlung des Angeklagten ausgelegen und daß der Gehilfe des Angeklagten anstandslos ein Exemplar verkauft habe. In diesem Feilhalten und Verkaufen konnte die Vorinstanz ohne Rechtsirrthum einen gewerbsmäßigen Absatz des Werkes, ein Zugänglichmachen für das Publikum finden und demgemäß, wie geschehen, feststellen, daß der Angeklagte als Verleger das Werk gewerbsmäßig vertrieben hat."

„Unter diesen Voraussetzungen haftet derjenige, welcher eine Verlagsbuchhandlung erwirbt, aus §. 21 des Preßgesetzes als Verleger für den strafbaren Inhalt solcher Druckschriften, welche bereits vor dem Erwerbe in dem Verlage jener Handlung erschienen waren."

IV. Abschnitt.

§. 14.

Die Verjährung.

Nach §. 22 des Preßgesetzes verjährt die Strafverfolgung derjenigen Verbrechen und Vergehen, welche durch die Verbreitung von Druckschriften strafbaren Inhalts begangen werden, sowie derjenigen sonstigen Vergehen, welche in diesem Gesetze mit Strafe bedroht sind, in sechs Monaten.

Die sechsmonatliche Verjährungsfrist gilt einerseits für Verbrechen und Vergehen, welche durch den Inhalt einer Druckschrift begangen worden sind, andrerseits für die Verletzung der preßpolizeilichen Vorschriften, soweit sie sich als Vergehen darstellen, also Zuwiderhandlungen gegen §. 18, endlich auch die gegen die §§. 21 und 28 des Preßgesetzes.

Uebertretungen, mittelst einer Druckschrift begangen, unterliegen wie jede andere Uebertretung der dreimonatlichen Verjährungsfrist.

Bezüglich der sechsmonatlichen Verjährungsfrist macht es keinen Unterschied, ob durch den strafbaren Inhalt der Druckschrift der Thatbestand eines Verbrechens oder Vergehens gegeben ist. Erforderlich ist es aber, daß das Verbrechen oder Vergehen durch die Verbreitung, durch die Veröffentlichung (d. i. dem Publikum zugänglich machen) begangen worden ist. Das Privilegium der kürzeren Verjährungsfrist kommt also solchen Verbrechen oder Vergehen nicht zu Gute, die, wenn auch durch Druckschriften, so doch nicht durch deren Verbreitung begangen worden sind.

Nach §. 22 des Preßgesetzes verjähren Verbrechen, welche durch die Verbreitung von Druckschriften strafbaren

Inhalts begangen werden, allgemein in der verkürzten Zeit von 6 Monaten.

Im Uebrigen ist die Verjährungsfrage bei mangelnder besonderer Regelung im Preßgesetze nach den Grundsätzen des Strafgesetzbuches (§§. 66, 67 Schlußsatz, §§. 68 ff.) zu würdigen. Entscheid. des Reichsgerichts v. 24. März 1881, Bd. 4, S. 216.

Die Verjährung bei Verbreitung von Druckschriften, deren Strafbarkeit durch den Inhalt begründet wird, richtet sich nach §. 22 des Preßgesetzes, während die Verjährung bei Verbreitung von Druckschriften, deren Strafbarkeit durch die Verbreitung an sich begründet wird, sich nach den allgemeinen Bestimmungen des Strafgesetzbuches richtet (§. 67). [Im letzteren Falle handelt es sich um die formale Uebertretung des ein für alle Male erlassenen Verbots — eine im Auslande erscheinende Druckschrift verboten]. Entscheid. d. Reichsger. v. 15. Dezember 1883, Bd. 9, S. 291.

Die Verjährung des Preßdelikts verhindert auch die strafrechtliche Verfolgung des Einsenders des beleidigenden Artikels. Entsch. des Reichsger. v. 29. September 1893, Bd. 24, S. 269.

Beginn der Verjährung.

Nach §. 67 Abs. 4 des Reichsstrafgesetzbuchs beginnt die Verjährung mit dem Tage, an welchem die Handlung begangen ist, ohne Rücksicht auf den Zeitpunkt des eingetretenen Erfolges.

„Ein Preßdelikt, durch Inhalt einer Druckschrift begründet, wird mit dem Tage der Verbreitung [mit dem Tage der Veröffentlichung und Ausgabe der betreffenden Nummer der periodischen Zeitschrift] begangen. Mit diesem Tage beginnt die Verjährung." Entsch. d. Reichsgerichts v. 24. März 1881, Bd. 4, S. 216. Sobald die Verbreitung begonnen ist, ist die strafbare Handlung begangen. Sobald daher in dem Zugänglichmachen eines einzigen Exemplares eine Verbreitung zu erblicken ist, ist auch die strafbare Handlung perfekt.

Das durch falsche Angabe des Verlegers begangene Preßdelikt beginnt seine Verjährung mit dem Erscheinen der Schrift, dem ersten Verbreitungsakte. Entscheid. des Reichsgerichts v. 17. Oktober 1893, Bd. 24, S. 350.

Ist mit dem Beginn der Verbreitung das Delikt begangen, und beginnt demnach die Verjährungsfrist für alle an der Herstellung und Ausgabe der Druckschrift betheiligten Personen, so läuft andrerseits jedem einzelnen Verbreiter gegenüber, mag er wegen Verbreitung einer verbotenen oder in Beschlag genommenen Druckschrift oder wegen vorsätzlicher oder fahrlässiger Verbreitung einer Druckschrift strafbaren Inhalts zur Verantwortung gezogen werden, eine besondere Verjährungsfrist, und bilden die von ihm vorgenommenen Verbreitungsakte die strafbare Handlung, die selbständig ins Auge gefaßt werden muß, nach deren Abschluß erst die Verjährung selbständig zu laufen beginnt (Liszt, Preßrecht, S. 206).

Die Thätigkeit des Verbreiters besteht regelmäßig aus einer Mehrzahl von Verbreitungsakten. Bilden die mehreren Verbreitungsakte eine Reihe von an sich selbständigen strafbaren Handlungen (Realkonkurrenz), so kommt jede Verbreitungshandlung auch bezüglich des Beginns der Verjährung selbständig in Betracht. Handelt es sich dagegen um ein sogenanntes fortgesetztes Delikt, so beginnt die Verjährung mit dem letzten Fortsetzungsakte. Reichsgerichtsentscheidung v. 30. September 1887.

Da Reproduktion eines strafbaren Artikels in einem anderen Journal eine selbständige strafbare Handlung ist, so beginnt bei ihr die Verjährung erst mit der Verbreitung des reproduzirten Artikels (Berner, deutsches Preßrecht).

Bei im Auslande erschienenen Druckschriften hat bezüglich der Verjährung nur die im Inlande stattfindende Verbreitung Interesse, indem für den Lauf der Verjährung der erste Verbreitungsakt im Inlande maßgebend ist. Insoweit jedoch die im Auslande begangenen Verbrechen und Vergehen nach §. 4 des Reichsstrafgesetzbuchs nach den Strafgesetzen des Deutschen Reichs verfolgt werden kann, ist die Verjährungsfrist vom Tage der Veröffentlichung zu berechnen, also in derselben Weise als wenn die Druckschrift, welche den Thatbestand einer solchen strafbaren Handlung enthält, im Inlande veröffentlicht worden wäre.

Selbständig neben der durch §. 22 festgesetzten Verjährungsfrist läuft die durch §. 61 des Strafgesetzbuchs festgelegte dreimonatliche Frist zur Stellung des bei Handlungen, deren Verfolgung nur auf Antrag eintritt, erforderlichen Strafantrages. Gewöhnlich wird diese Frist ja eher abgelaufen sein, als die sechsmonatliche Verjährungsfrist. Da aber nach §. 61 a. a. O. die Antragsfrist mit dem Tage beginnt, seit welchem der zum Antrage Berechtigte von der Handlung und von der Person des Thäters Kenntniß gehabt hat, so kann durch besondere Umstände die Antragsfrist so spät beginnen, daß die für die Verjährung festgesetzten 6 Monate vom Tage des Beginnens der Verjährung an gerechnet, inzwischen verstrichen sind. In diesem Falle hält die Antragsfrist den Lauf der Verjährung nicht auf. Die Stellung des Strafantrages kann daher nicht mehr eine Verfolgung der in Frage kommenden strafbaren Handlung bewirken. Vergl. hier auch §§. 41 und 42 des Strafgesetzbuches. Letzterer bestimmt, daß, wenn in den Fällen der §§. 40 und 41 a. a. O. die Verfolgung oder die Verurtheilung einer bestimmten Person nicht ausführbar ist, die daselbst vorgeschriebenen Maßnahmen selbständig erkannt werden können (sog. objektives Strafverfahren).

Die Unterbrechung der Verjährung.

Nach §. 68 des Reichsstrafgesetzbuchs unterbricht jede Handlung des Richters, welche wegen der begangenen

That gegen den Thäter gerichtet ist, die Verjährung. Die Unterbrechung findet nur rücksichtlich desjenigen statt, auf welchen die Handlung sich bezieht. Nach der Unterbrechung beginnt eine neue Verjährung.

Die richterliche Handlung muß gegen den Thäter gerichtet sein; sie muß ferner wegen einer ganz bestimmten strafbaren Handlung gegen den Thäter derselben gerichtet sein und unterbricht alsdann auch nur den Lauf dieser strafbaren Handlung für den Fall, daß durch die Verbreitung einer Druckschrift mehrere strafbare Handlungen begangen worden sind.

Das Preßgesetz kennt nur eine verkürzte Verjährungsfrist für die Strafverfolgung der durch die Verbreitung von Druckschriften strafbaren Inhalts begangenen Verbrechen und Vergehen, nicht aber für die Strafvollstreckung. Die Verjährungsfristen für die letztere sind daher die durch die allgemeinen Bestimmungen festgesetzten. (§§. 70 ff. des Reichsstrafgesetzbuchs).

V. Abschnitt.

Die Beschlagnahme.

§. 15.

Allgemeines.

Nach §. 94 der Strafprozeßordnung sind Gegenstände welche als Beweismittel für die Untersuchung von Bedeutung sein können oder der Einziehung unterliegen, in Verwahrung zu nehmen oder in anderer Weise sicher zu stellen.

„Befinden sich die Gegenstände in dem Gewahrsam einer Person und werden dieselben nicht freiwillig herausgegeben, so bedarf es der Beschlagnahme.

Wir haben also zwei Arten der Beschlagnahme: die eine zur Sicherung von Gegenständen, die für die Untersuchung wegen einer strafbaren Handlung als Beweismittel dienen, die andere zwecks Einziehung von Gegenständen, die einer solchen unterliegen.

Die erstgenannte dient der Herbeiführung eines strafrichtlichen Erkenntnisses, die letztgenannte zur Sicherung von Gegenständen, „auf deren Einziehung“, wie Loewe in seinem Kommentar zur Strafprozeßordnung sagt, „in der vorliegenden Sache voraussichtlich zu erkennen sein wird.“ Zur Erlangung dieser Gegenstände ist unter bestimmten Voraussetzungen die Haus- und Personendurchsuchung zulässig (§§. 102 ff. der Strafprozeßordnung).

Die Anordnung der Beschlagnahme steht für gewöhnlich nur dem Richter zu, der Staatsanwaltschaft und denjenigen Polizei- und Sicherheitsbeamten, welche als Hilfsbeamte der Staatsanwaltschaft den Anordnungen derselben Folge zu leisten haben, nur in dem Ausnahmefalle zu, daß Gefahr im Verzuge ist, d. h. daß, wenn die richterliche Anordnung eingeholt bezw. abgewartet werden würde, der Zweck der Beschlagnahme inzwischen nicht mehr erreicht werden könnte.

„Ist die Beschlagnahme ohne richterliche Anordnung erfolgt, so soll der Beamte, welcher die Beschlagnahme angeordnet hat, binnen 3 Tagen die richterliche Bestätigung nachsuchen, wenn bei der Beschlagnahme weder der davon Betroffene noch ein erwachsener Angehöriger anwesend war, oder wenn der Betroffene und im Falle seiner Abwesenheit ein erwachsener Angehöriger desselben gegen die Beschlagnahme ausdrücklichen Widerspruch erhoben hat. Der Betroffene kann jederzeit die richterliche Entscheidung nachsuchen. So lange die öffentliche Klage noch nicht erhoben ist, erfolgt die Entscheidung durch den Amtsrichter, in dessen Bezirk die Beschlagnahme stattgefunden hat.“

„Ist nach erhobener öffentlicher Klage die Beschlagnahme durch die Staatsanwaltschaft oder einen Polizei- oder Sicherheitsbeamten erfolgt, so ist binnen 3 Tagen dem Richter von der Beschlagnahme Anzeige zu machen und sind demselben die in Beschlag genommenen Gegenstände zur Verfügung zu stellen."

„Beschlagnahmen in militärischen Dienstgebäuden, zu welchen auch Kriegsfahrzeuge gehören, erfolgen durch Ersuchen der Militärbehörde und auf Verlangen der Civilbehörde (Richter, Staatsanwaltschaft) unter deren Mitwirkung. Des Ersuchens der Militärbehörde bedarf es jedoch nicht, wenn die Beschlagnahme in Räumen vorzunehmen ist, welche in militärischen Dienstgebäuden ausschließlich von Civilpersonen bewohnt werden." (§. 98 der Strafprozeßordnung).

„Zulässig ist die Beschlagnahme der an den Beschuldigten gerichteten Briefe und Sendungen auf der Post sowie der an ihn gerichteten Telegramme auf den Telegraphenanstalten; desgl. ist zulässig an den bezeichneten Orten die Beschlagnahme solcher Briefe, Sendungen und Telegramme, in Betreff deren Thatsachen vorliegen, aus welchen zu schließen ist, daß sie von dem Beschuldigten herrühren oder für ihn bestimmt sind und daß ihr Inhalt für die Untersuchung Bedeutung habe." (§. 99 der Strafprozeßordnung.)

Die Beschlagnahme kann auch schon im Ermittelungsverfahren vorgenommen werden.

„Zu der Beschlagnahme (§. 99 a. a. O.) ist nur der Richter, bei Gefahr in Verzug und, wenn die Untersuchung nicht bloß eine Uebertretung betrifft, auch die Staatsanwaltschaft befugt. Die letztere muß jedoch den ihr ausgelieferten Gegenstand sofort, und zwar Briefe und andere Postsendungen uneröffnet, dem Richter vorlegen."

„Die von der Staatsanwaltschaft verfügte Beschlagnahme tritt, auch wenn sie eine Auslieferung noch nicht zur Folge gehabt hat, außer Kraft, wenn sie nicht binnen 3 Tagen von dem Richter bestätigt wird."

„Die Entscheidung über eine von der Staatsanwaltschaft verfügte Beschlagnahme sowie über die Eröffnung eines ausgelieferten Briefes oder einer anderen Postsendung erfolgt durch den zuständigen Richter (§. 98)." §. 100 der Strafprozeßordnung.

Es handelt sich in der Beschlagnahme des §. 100 um die in §. 99 a. a. O. näher bestimmte Beschlagnahme. Vgl. auch §§. 101 ff. der Strafprozeßordnung. Nur die im §. 99 bezeichnete Beschlagnahme erlischt bei Nichtbeobachtung der vorgeschriebenen dreitägigen Frist, bezw. Nichtbestätigung durch den Richter innerhalb dieser Frist, nicht aber die Beschlagnahme gemäß § 98 a. a. O.

§. 16.

Die Beschlagnahme von Druckschriften.

Nach §. 6 des Einführungsgesetzes zur Reichsstrafprozeßordnung werden die prozeßrechtlichen Vorschriften der Reichsgesetze durch die Strafprozeßordnung nicht berührt.

Es bleiben demnach die entsprechenden Bestimmungen des Preßgesetzes in Kraft.

Die Freiheit der Presse durch besondere sie schützende Bestimmungen zu garantiren, haben auch die Vorschriften über die Beschlagnahme von Druckschriften zum Zweck, indem dadurch die durch die allgemeinen Bestimmungen gegebene Befugniß zur Beschlagnahme weiter eingeengt wird. Diese Beschränkung bezieht sich aber nur auf die nichtrichterliche, also die staatsanwaltschaftliche und polizeiliche Beschlagnahme. Die richterliche Beschlagnahme unterliegt den allgemeinen Vorschriften der Strafprozeßordnung, nur die §§. 27 und 28 des Preßgesetzes treffen auch die auf richterliche Anordnung erfolgte Beschlagnahme.

Nach §. 23 des Preßgesetzes ist eine Beschlagnahme von Druckschriften ohne richterliche Anordnung nur in folgenden Fällen zulässig, wenn

1. Druckschriften den Namen und Wohnort des Druckers nicht enthalten;
2. Druckschriften,
   a) welche für den Buchhandel oder sonst zur Verbreitung bestimmt sind, Name und Wohnort des Druckers oder Name und Wohnort des Verlegers fehlt,
   b) beim Selbstvertriebe der Druckschrift Name und Wohnort des Druckers oder Name und Wohnort des Verfassers bezw. Herausgebers fehlt;
3. periodischen Druckschriften eine der vorstehend genannten Erfordernisse oder der Name und Wohnort des verantwortlichen Redakteurs fehlt (periodische Druckschriften: Zeitungen und Zeitschriften);
4. im Auslande erscheinende periodische Druckschriften den Vorschriften des §. 14 des Preßgesetzes zuwider verbreitet werden;
5. Druckschriften in Zeiten der Kriegsgefahr oder des Krieges dem Verbote des §. 15 des Preßgesetzes zuwider Mittheilungen über Truppenbewegungen u. s. w. veröffentlichen;
6. in Druckschriften zum Hochverrath aufgefordert wird (§. 85 des Reichsstrafgesetzbuchs);
7. Druckschriften eine Majestätsbeleidigung enthalten (§. 95 des Strafgesetzbuchs);
8. Druckschriften unzüchtige Schriften, Abbildungen oder Darstellungen enthalten (§. 184 des Strafgesetzbuchs);
9. Druckschriften eine Aufforderung zur Begehung einer strafbaren Handlung enthalten (§. 111 l. c.);
10. in Druckschriften in einer den öffentlichen Frieden gefährdenden Weise verschiedene Klassen der Be-

völkerung zu Gewaltthätigkeiten gegen einander angereizt werden (§. 130 l. c.)

In den Fällen unter 9 und 10 aber nur unter der weiteren Voraussetzung, daß dringende Gefahr besteht, daß bei Verzögerung der Beschlagnahme die Aufforderung oder Anreizung ein Verbrechen oder Vergehen unmittelbar zur Folge haben werde.

In allen Fällen ist aber die Beschlagnahme nur zulässig, wenn die Druckschrift bereits erschienen ist. Ebenso ist die polizeiliche Beschlagnahme in den gesetzlich für zulässig erklärten Fällen nur unter der Voraussetzung statthaft, daß Gefahr im Verzuge ist, also in den Fällen, in denen überhaupt die polizeiliche Beschlagnahme (ohne richterliche Anordnung) zugegeben ist (cf. §. 15). Es ergiebt sich Ersteres schon aus §. 27 des Preßgesetzes: Die Beschlagnahme von Druckschriften trifft die Exemplare nur da, wo dergleichen sich zum Zwecke der Verbreitung befinden, indem daraus der Rückschluß zu ziehen ist, daß die Beschlagnahme einer Druckschrift vor ihrer Veröffentlichung unzulässig ist. Eine Beschlagnahme kann im Allgemeinen nur dann stattfinden, wenn eine strafbare Handlung begangen ist. Sofern es sich hierbei um eine Druckschrift handelt, ist eine strafbare Handlung als begangen nur mit dem Moment möglich, daß sie (die Druckschrift) erschienen ist.

Nur wenn es sich um die eigentlichen Preßdelikte (im Unterschied zu den Preßpolizeidelikten) handelt, kann eine Einziehung der Druckschrift gemäß §§. 40—42 des Reichsstrafgesetzbuches erfolgen, außerdem auch bei Zuwiderhandlung gegen das im §. 15 des Preßgesetzes enthaltene Verbot.

„Unzüchtigkeit von Abbildungen, Schriften oder Darstellungen ist nicht bewirkt durch den Verkauf zu unzüchtigen Zwecken." Reichsgerichtsentscheid. v. 6. November 1893, Bd. 24, S. 365.

§. 24 des Preßgesetzes:

„Ueber die Bestätigung oder Aufhebung der vorläufigen Beschlagnahme hat das zuständige Gericht zu entscheiden."

„Diese Entscheidung muß von der Staatsanwaltschaft binnen 24 Stunden nach Anordnung der Beschlagnahme beantragt und von dem Gericht binnen 24 Stunden nach Empfang des Antrages erlassen werden."

„Hat die Polizeibehörde die Beschlagnahme ohne Anordnung der Staatsanwaltschaft verfügt, so muß sie die Absendung der Verhandlungen an die letztere ohne Verzug und spätestens binnen 12 Stunden bewirken. Die Staatsanwaltschaft hat entweder die Wiederaufhebung der Beschlagnahme mittelst einer sofort vollstreckbaren Verfügung anzuordnen oder die gerichtliche Bestätigungbinnen 12 Stunden nach Empfang der Verhandlungen zu beantragen."

„Wenn nicht bis zum Ablaufe des fünften Tages nach Anordnung der Beschlagnahme der bestätigende Gerichtsbeschluß der Behörde, welche die Beschlagnahme angeordnet hat, zugegangen ist, erlischt die letztere und muß die Freigabe der einzelnen Stücke erfolgen."

Ueber die Zuständigkeit des Gerichts vergl. oben §. 12.

Die gerichtliche Entscheidung ist stets von der Staatsanwaltschaft, auch bezüglich der von der Polizei vorgenommenen Beschlagnahme, zu beantragen.

Unter der im Abs. 1 des §. 24 des Preßgesetzes genannten „vorläufigen" Beschlagnahme ist sowohl die polizeiliche als auch die staatsanwaltschaftliche Beschlagnahme zu verstehen.

Die gerichtliche Bestätigung ist von der Staatsanwaltschaft ex officio einzuholen.

Die Berechnung der vierundzwanzig- bezw. zwölfstündigen Frist wird von dem Augenblicke der Anordnung der Beschlagnahme an gerechnet. Die Ueberschreitung der Frist zieht aber nicht Aufhebung der Beschlagnahme nach sich; es würde dies sonst vom Gesetzgeber besonders gesagt worden sein.

Die fünftägige Frist wird nach vollen Tagen berechnet. (Vergl. §. 19 des Reichsstrafgesetzbuchs.)

Die gerichtliche Bestätigung oder Aufhebung der vorläufigen Beschlagnahme erfolgt durch Beschluß.

Nach §. 24 des Preßgesetzes findet die vorläufige Beschlagnahme auf dreifache Weise ein Ende:

1. durch Wiederaufhebung seitens der Staatsanwaltschaft;
2. durch Aufhebung auf Grund richterlichen Beschlusses
3. mangels gerichtlicher Bestätigung nach Ablauf von 5 Tagen nach Anordnung der Beschlagnahme.

In einer nach §. 24 Abs. 4 des Preßgesetzes verspäteten Bestätigung der vorläufigen Beschlagnahme sowie ferner in dem auf Unbrauchbarmachung lautenden Urtheile kann eine Beschlagnahme einer Druckschrift nicht gefunden werden." Entscheid. d. Reichsgerichts v. 12. November 1897, Bd. 30 d. Entscheid.

§. 25 des Preßgesetzes: „Gegen den Beschluß des Gerichts, welcher die vorläufige Beschlagnahme aufhebt, findet ein Rechtsmittel nicht statt."

Hierin ist der Freiheit der Presse ein großes Privilegium zugestanden worden.

Gegen den die Beschlagnahme bestätigenden Beschluß ist die einfache Beschwerde (§. 346 Strafprozeßordn.) zulässig.

§. 26 des Preßgesetzes: „Die vom Gericht bestätigte, vorläufige Beschlagnahme ist wieder aufzuheben, wenn nicht binnen 2 Wochen nach der Bestätigung die Strafverfolgung in der Hauptsache eingeleitet worden ist."

Dieser Paragraph hat nur die vorläufige Beschlagnahme zum Gegenstande; die richterlich angeordnete Beschlagnahme fällt nicht unter diese Bestimmung.

Die Einleitung der Strafverfolgung in der Hauptsache.

Die Einleitung geschieht durch Erhebung der Klage seitens der Staatsanwaltschaft und zwar wegen desselben

Delikts, dessentwegen die Beschlagnahme erfolgt ist. Die Erhebung der Klage besteht entweder in einem Antrag auf gerichtliche Voruntersuchung oder in Einreichung einer Anklageschrift bei Gericht (§. 168 der Strafprozeßordn., vergl. auch §. 477 daselbst). Die Beschlagnahme ist aufzuheben, d. h. die vorläufige Beschlagnahme erlischt nach der zweiwöchentlichen Frist nicht von selbst, wie es nach §. 24 Abs. 4 der Fall ist, sondern muß durch besondere Verfügung ausdrücklich aufgehoben werden.

§. 27 des Preßgesetzes: „Die Beschlagnahme von Druckschriften trifft die Exemplare nur da, wo dergleichen zum Zwecke der Verbreitung sich befinden. Sie kann sich auf die zur Vervielfältigung dienenden Platten und Formen erstrecken; bei Druckschriften im engeren Sinne hat auf Antrag des Betheiligten statt Beschlagnahme des Satzes das Ablegen des letzteren zu geschehen."

„Bei der Beschlagnahme sind die dieselbe veranlassenden Stellen der Schrift unter Anführung der verletzten Gesetze zu bezeichnen. Trennbare Theile der Druckschrift (Beilagen einer Zeitung u. s. w.), welche nichts Strafbares enthalten, sind von der Beschlagnahme auszuschließen."

Wo dergleichen zum Zwecke der Verbreitung sich befinden.

Es kommen also nur solche Oertlichkeiten in Frage, welche dem Publikum zugänglich sind, als Verkaufsstellen, Wirthschaften, öffentliche Lesezimmer u. dergl. m. Die im Privatbesitz befindlichen Exemplare sind der Beschlagnahme nicht ausgesetzt, also auch die im Lesezimmer von bestimmten Personen oder einer bestimmten Personenmehrheit (z. B. von geschlossenen Gesellschaften) befindlichen nicht.

Voraussetzung zur Beschlagnahme ist, daß eine Druckschrift verbreitet ist. Die Beschlagnahme erstreckt sich auf alle im Geltungsbereich des Preßgesetzes befindlichen Exemplare, sofern die Beschlagnahme auf Grund der entsprechenden Vorschriften des Preßgesetzes angeordnet ist (zu vergl. §. 98 der Strafprozeßordnung).

Die Beschlagnahme **kann** sich auf die zur Vervielfältigung dienenden Platten und Formen erstrecken. Es ist dies in das Ermessen der Behörde gestellt, die von der Befugniß nur Gebrauch machen wird und soll, wenn es zur Erreichung des mit der Beschlagnahme verfolgten Zweckes nothwendig ist.

Unter Platten und Formen sind alle zur Vervielfältigung dienenden Mittel zu verstehen. Berner sagt in seinem Reichspreßrecht S. 315: „Minder bekannt als „Platten" ist der Ausdruck „Formen". Man versteht darunter die zum Zwecke des Druckes in die eisernen Formrahmen gebrachten gesetzten Kolumnen, den vereinigten Schriftsatz."

Die Beschlagnahme der Formen und Platten wird unterbleiben, wenn kein Grund zu der Annahme vorliegt, daß sie zur Herstellung der beanstandeten Druckschrift weiter benutzt werden wird.

Druckschriften im engeren Sinne sind mittelst beweglicher Lettern hergestellte Schriften.

Unter Ablegen des Satzes ist das Auseinandernehmen desselben, sowie das Wegbringen der einzelnen Lettern an ihren gewöhnlichen Lagerort zu verstehen, so daß, wie Berner sagt, „alle Lettern wieder in ihre Sonderkästchen wandern."

Im Abs. 2 des §. 27 des Preßgesetzes wird die Form der Beschlagnahme vorgeschrieben. Dem von der Beschlagnahme Betroffenen sind bei der Ausführung derselben die die Beschlagnahme veranlassenden Stellen der Schrift unter Anführung der verletzten Gesetze zu bezeichnen. Die Vornahme der Beschlagnahme erfordert eine die letztere begründende Verfügung der anordnenden

Behörde, welche dem von der Beschlagnahme Betroffenen auszuhändigen ist. Konnte die Verfügung, die stets schriftlich erfolgen muß, wegen Gefahr im Verzuge bei der Beschlagnahme nicht zugestellt werden, so muß dies noch nachträglich geschehen. Die Beschlagnahme soll nur soweit vorgenommen werden, als es zur Erreichung des Zweckes erforderlich ist. Daher sind trennbare Theile der Druckschrift, welche nichts Strafbares enthalten, von der Beschlagnahme auszuschließen.

Trennbare Theile, d. h. die Trennung muß körperlich möglich sein, so daß der übrig gebliebene Theil noch eine selbstständige, verständliche Druckschrift ist. Daß die zu trennenden Theile schon vor ihrer Trennung in einem losen Zusammenhange sein müssen, ist nicht erforderlich.

§. 28 des Preßgesetzes: „Während der Dauer der Beschlagnahme ist die Verbreitung der von derselben betroffenen Druckschrift oder der Wiederabdruck der die Beschlagnahme veranlassenden Stellen unstatthaft."

„Wer mit Kenntniß der verfügten Beschlagnahme dieser Bestimmung entgegenhandelt, wird mit Geldstrafe bis 500 Mark oder mit Gefängniß bis zu sechs Monaten bestraft."

Die Beschlagnahme beginnt mit dem Moment der Wegnahme der in Frage kommenden Druckschriften, sie endigt mit ihrer Aufhebung oder ihrem Erlöschen (§§. 24 u. 26 des Preßgesetzes).

Die richterliche Beschlagnahme erlischt mit Rechtskraft des in der Sache selbst ergehenden Endurtheils.

Verboten ist nach §. 28 des Preßgesetzes:

1. die Verbreitung der von der Beschlagnahme betroffenen Druckschrift;
2. der Wiederabdruck der die Beschlagnahme veranlassenden Stellen.

Weder die ganze Druckschrift noch Stellen daraus dürfen verbreitet werden. Der Zweck ist hier, die

Exemplare, welche nicht beschlagnahmt werden konnten, von der Verbreitung auszuschließen.

Das Verbot der Verbreitung trifft den ersten Verbreiter, wie auch den späteren.

Der Wiederabdruck der die Beschlagnahme veranlassenden Stellen ist verboten. Natürliche Voraussetzung für das Verbot bezw. die angedrohte Strafe ist die Veröffentlichung des Wiederabdruckes. Gegen den Wiederabdruck der Druckschrift ohne die beanstandeten Stellen ist nichts einzuwenden.

Zur Zuwiderhandlung gegen die Bestimmung des §. 28 ist Kenntniß der verfügten Beschlagnahme erforderlich. Auf welche Weise sie erlangt ist, ob durch besondere Mittheilung der Behörde oder durch öffentliche Bekanntmachung oder auf privatem Wege, ist ohne Bedeutung. Die Vorschrift des genannten Paragraphen greift nur während der Dauer der Beschlagnahme Platz.

Die Zuwiderhandlung gegen das Verbot kann nur vorsätzlich geschehen. Die Kenntniß von dem Verbot ist dem Beschuldigten nachzuweisen. Sie wird in der Regel anzunehmen sein, wenn die verfügte Beschlagnahme öffentlich bekannt gemacht worden ist.

Auch bei der vorstehend besprochenen Beschlagnahme handelt es sich um beide Arten derselben (richterliche und nichtrichterliche).

Endlich sei noch Folgendes hervorgehoben:

Ist die Beschlagnahme durch den strafbaren Inhalt einer Druckschrift veranlaßt, so ist die Unbrauchbarmachung gemäß §§. 41, 42 des Strafgesetzbuches auszusprechen. Handelt es sich aber um ein Preßpolizeidelikt, so kann diese Unbrauchbarmachung nicht angeordnet werden. Die Beschlagnahme ist aber nur ein vorübergehender Zustand; an ihre Stelle tritt bei Preßdelikten (selbstverständlich nur im Falle der Verurtheilung) die Unbrauchbarmachung, ebenso wenn die Beschlagnahme auf Grund des §. 15 des Preßgesetzes erfolgt ist. In den übrigen

Fällen müssen die beschlagnahmten Exemplare wieder zurückgegeben werden, sobald der Zweck der Beschlagnahme erreicht ist. Eine andere Art der Erledigung der Beschlagnahme, insbesondere Aufrechthaltung derselben nach Rechtskraft des Urtheils, giebt es nicht, wie Liszt (Reichspreßrecht) mit Recht hervorhebt.

VI. Abschnitt.

Schlußbestimmungen.

§. 17.

§. 30 des Preßgesetzes:

„Die für Zeiten der Kriegsgefahr, des Krieges, des erklärten Kriegs-(Belagerungszustandes) oder innerer Unruhen (Aufruhres) in Bezug auf die Presse bestehenden besonderen gesetzlichen Bestimmungen bleiben auch diesem Gesetze gegenüber bis auf Weiteres in Kraft.

Das Recht der Landesgesetzgebung, Vorschriften über das öffentliche Anschlagen, Anheften, Ausstellen, sowie die öffentliche, unentgeltliche Vertheilung von Bekanntmachungen, Plakaten und Aufrufen zu erlassen, wird durch dieses Gesetz nicht berührt.

Dasselbe gilt von den Vorschriften der Landesgesetze über Abgabe von Freiexemplaren an Bibliotheken und öffentliche Sammlungen.

Vorbehaltlich der auf den Landesgesetzen beruhenden allgemeinen Gewerbesteuer findet eine besondere Besteuerung der Presse und der einzelnen Preßerzeugnisse (Zeitungs- und Kalenderstempel, Abgaben von Inseraten u. s. w.), nicht statt."

Zu Abs. I: Daselbst sind zu unterscheiden Zeiten der Kriegsgefahr, des Krieges oder innerer Unruhen einerseits und des erklärten Kriegs-(Belagerungs-)Zustandes andrerseits.

Für diese Zeiten bleiben die besonderen gesetzlichen Bestimmungen in Bezug auf die Presse in Kraft. Diese gesetzlichen Bestimmungen können reichs- wie landesgesetzlich sein.

Artikel 68 der Reichsverfassung, welcher jedoch in Bayern nicht gilt, bestimmt:

„Der Kaiser kann, wenn die öffentliche Sicherheit in dem Bundesgebiete bedroht ist, einen jeden Theil desselben in Kriegszustand erklären. Bis zum Erlaß eines die Voraussetzungen, die Form der Verkündigung und die Wirkungen einer solchen Erklärung regelnden Reichsgesetzes gelten dafür die Vorschriften des preußischen Gesetzes vom 4. Juni 1851 (Gesetzsamml. S. 451 ff.)". Nach §. 1 desselben ist für den Fall eines Krieges in den von dem Feinde bedrohten oder theilweise schon besetzten Provinzen jeder Festungskommandant befugt, die ihm anvertraute Festung mit ihrem Rayonbezirke, der kommandirende General aber den Bezirk des Armeekorps oder einzelne Theile desselben zum Zwecke der Vertheidigung in Belagerungszustand zu erklären.

§. 5 dieses Gesetzes: „Wird bei Erklärung des Belagerungszustandes für erforderlich erachtet, die Artikel 5, 6, 7, 27, 28, 29, 30 und 36 der Verfassungsurkunde oder einzelne derselben zeit- und distriktweise außer Kraft zu setzen, so müssen die Bestimmungen darüber ausdrücklich in die Bekanntmachung über die Erklärung des Belagerungszustandes aufgenommen oder in einer besonderen unter der nämlichen Form bekannt zu machenden Verordnung verkündet werden."

„Die Suspension der erwähnten Artikel oder eines derselben ist nur für den Bezirk zulässig, der in Belagerungszustand erklärt ist und nur für die Dauer des Belagerungszustandes."

An Stelle der Artikel 27 und 28 der preußischen

Verfassung ist, wie überhaupt an Stelle der entsprechenden landesgesetzlichen Vorschriften, §. 1 des Preßgesetzes getreten.

Artikel 68 der Reichsverfassung kommt nur in Frage für den Fall der Erklärung des Kriegszustandes, ausgenommen Bayern, für das auch hier die landesgesetzlichen Bestimmungen Platz greifen.

Im Uebrigen bleiben die landesgesetzlichen Bestimmungen gelten.

§. 16 des oben genannten Gesetzes v. 4. Juni 1851: „Auch wenn der Belagerungszustand nicht erklärt ist, können im Falle eines Krieges oder Aufruhrs, bei dringender Gefahr für die öffentliche Sicherheit, die Art. 5, 6, 27, 28, 29, 30 und 36 der Verfassungsurkunde oder einzelne derselben vom Staatsministerium zeit- und distriktweise außer Kraft gesetzt werden."

Für Bayern vergl. Art. 6 des Ausführungsgesetzes zur Reichsstrafprozeßordnung vom 18. Juni 1878; für Württemberg §. 11 des Preßgesetzes vom 30. Januar 1817; für Sachsen §. 13 des Gesetzes vom 10. Mai 1851.

Zu Abs. II des §. 30 des Preßgesetzes.

Durch diese Bestimmung werden nicht bloß die schon bestehenden Bestimmungen der Landesgesetze über das Plakatwesen aufrecht erhalten, sondern der letzteren auch ausdrücklich das Recht vorbehalten, derartige Bestimmungen zu erlassen.

In Preußen sind die §§. 9, 10 und 41 des Preßgesetzes vom 12. Mai 1851 in Kraft geblieben. Diese Bestimmungen gelten für die ganze Monarchie, auch in den neu erworbenen Landestheilen (s. Gesetzsamml. 1867, S. 700).

§. 9: „Anschlagzettel und Plakate, welche einen anderen Inhalt haben, als Ankündigungen über gesetzlich nicht verbotene Versammlungen, über öffentliche Vergnügungen, über gestohlene oder verlorene Sachen, über Verkäufe oder andere Nachrichten für den gewerblichen Verkehr, dürfen nicht angeschlagen oder in sonstiger Weise öffentlich ausgestellt werden."

„Auf die amtlichen Bekanntmachungen öffentlicher Behörden sind die vorstehenden Bestimmungen nicht anwendbar."

Anschlagzettel und Plakat ist dasselbe. Der Anschlagzettel kann gedruckt oder geschrieben sein. Das Wesentliche ist, daß die Schrift zum Anschlag bestimmt ist. Der Zweck des Anschlagens oder der in sonstiger Weise erfolgten öffentlichen Ausstellung ist der, die Schrift dem Publikum zur Kenntniß zu bringen.

Gestattet sind nur Plakate folgenden Inhalts:

1. Ankündigung über nicht verbotene Versammlungen;
2. über öffentliche Vergnügungen;
3. über gestohlene oder verlorene Sachen;
4. über Verkäufe oder andere Nachrichten für den gewerblichen Verkehr.

Das politische Plakat ist verboten.

„Ein Gastwirth, welcher in seiner Schankstube ein Plakat angebracht hatte, auf welchem das Wappen des ehemaligen Königreichs Hannover, auch getragen von Soldaten in hannoverscher Uniform mit der Unterschrift „Jung hol fast," angebracht war, und auf welchem „echter alter hannoveraner Kümmel" empfohlen wurde, ist auf Grund des §. 9 bestraft. Wenn mit der geschäftlichen Reklame für den Schnaps ganz heterogene politische Hinweise auf das Jahr 1866 verbunden werden, so wird dem Plakat der rein geschäftliche Charakter genommen und hierdurch der Rahmen der Nachricht für den gewerblichen Verkehr überschritten." Entscheid. d. Kammergerichts v. 20. September 1897, Deutsche Juristenzeitung, 1898, S. 62.

„Das Vertheilen (cf. §. 10 des preuß. Preßgesetzes) in geschlossenen (öffentlichen) Räumen ist von polizeilicher Erlaubniß nicht abhängig, das Anschlagen und Anheften von Plakaten u. s. w., in denselben, z. B. in Gasthäusern, dagegen wohl." Entscheid. d. Kammergerichts v. 23. Januar 1896.

„Plakate sind Anschlagzettel. Sie werden angeschlagen, angeheftet oder in sonstiger Weise öffentlich ausgestellt. Auch geschriebene Anschlagzettel können Plakate sein." Urth. d. Kammergerichts v. 22. September 1881, Johow, Entscheidungen, Bd. 2, S. 244.

„Bekanntmachung ist jede Mittheilung von nicht sonst schon bekannten Thatsachen oder solchen Thatsachen, welche die Verfasser nicht für bekannt oder nicht genügend bekannt halten, gleichviel zu welchem Zweck die Mittheilung erfolgt, ob die Thatsachen als Hauptzweck der Publikation oder nur zur Unterstützung einer Rechtfertigung angeführt sind." Urth. d. Kammergerichts v. 13. Oktober 1893.

„Auch in der Vertheilung von Zeitungen, welche Bekanntmachungen enthalten, kann eine Vertheilung der letzteren gefunden werden." Urth. d. Kammergerichts v. 13. April 1893.

Ob eine Versammlung verboten ist oder nicht, richtet sich nach dem Vereinsgesetz vom 11. März 1850.

In sonstiger Weise öffentlich ausstellen heißt so ausstellen, daß die Schrift jedermann zur Kenntniß gelangen kann, also z. B. das Umhertragen.

„Auch der Flur eines Privathauses ist, wenn der Hauseigenthümer den Zutritt zu demselben jedermann gestattet, ein öffentlicher; es ist deshalb das Aushängen eines Plakats an der Außenseite einer nach einem solchen Flur mündenden Stubenthür, als ein öffentliches Ausstellen des Plakats anzusehen." (Entscheid. des Kammergerichts v. 1. Dezember 1890, Bd. XI d. Entscheidungen, S. 312.)

§. 10 des preußischen Preßgesetzes: „Niemand darf auf öffentlichen Wegen, Straßen, Plätzen oder an anderen öffentlichen Orten Druckschriften oder andere Schriften oder Bildwerke ausrufen, verkaufen, vertheilen, anheften oder anschlagen, ohne daß er dazu die Erlaubniß der Ortspolizeibehörde erlangt hat, und ohne daß er den Erlaubnißschein, in welchem sein Name ausgedrückt sein muß, bei sich führt. Die Erlaubniß kann jederzeit zurückgenommen werden."

Das Ausrufen u. s. w. muß an einem öffentlichen Orte erfolgen. Ein solcher ist für gewöhnlich auch ein jedermann zugängliches Wirthshaus. Das Kammergericht hat jedoch die Befugniß zur unentgeltlichen Vertheilung einer Druckschrift in einer Wirthschaft nicht von der polizeilichen Erlaubniß abhängig gemacht, indem es von der Ansicht ausgeht, daß, wenn die Wirthschaft auch jedermann zugänglich sei, dies doch an ihrem Charakter als geschlossenen Raum nichts ändere. (Zu vergl. Kammergerichtsentscheidungen v. 26. Oktober 1893 u. 16. November 1893.)

Druckschriften oder andere Bildwerke ausrufen, verkaufen u. s. w.

Nach §. 30 Abs. 2 des Reichspreßgesetzes kommen solche Druckschriften ꝛc. nur noch in Frage, insoweit sie Bekanntmachungen, Plakate und Aufrufe sind.

Bekanntmachung ist die Mittheilung von Thatsachen. Ueber Plakat s. oben zu §. 9 des preußischen Preßgesetzes. Aufruf ist eine öffentliche Aufforderung zur Vornahme einer bestimmten Handlung.

Die Kammergerichtsentscheidung v. 1. Mai 1893 definirt den Aufruf als „jede an die Oeffentlichkeit gerichtete Aufforderung zu bestimmten Handlungen."

Ohne Rücksicht auf wirthschaftliche Interessen ist das öffentliche unentgeltliche Vertheilen eines Aufrufs nach §. 10 des preuß. Preßgesetzes v. 12. Mai 1851 strafbar. Ein solches ist in dem Vertheilen der Nummer einer Zeitung, welche eine Abonnements-Einladung auf dieselbe enthielt, gefunden worden, weil die Einladung eine an die sämmtlichen Arbeiter-Familien gerichtete dringliche Aufforderung enthielt, auf die Zeitung zu abonniren und sich dadurch den Leidens- und Kampfgenossen, die schon Abonnenten sind, anzuschließen, sich also als „Aufruf charakterisirte." Entscheid. d. Kammergerichts v. 10. Januar 1898, Deutsche Juristenzeitung, Jahrg. 1898, S. 251.

§. 10 des preußischen Preßgesetzes kommt nur für die unentgeltliche Vertheilung u. s. w. in Betracht, während die gewerbsmäßige Vertheilung u. s. w. durch §. 43 der Gewerbeordnung ihre gesetzliche Regelung erfahren hat.

Das Vertheilen muß ein öffentliches sein, d. h. es muß die Schrift einem unbegrenzten Kreise von Personen zugänglich gemacht werden (zu vergl. Kammergerichtsentscheidungen vom 25. Mai 1893, 9. November 1893, s. auch Entscheid. des Reichsgerichts vom 6. November 1884). Nach der Entscheidung des Kammergerichts vom 5. Oktober 1893 liegt ein Vertheilen an öffentlichen Orten vor, wenn jemand, von Haus zu Haus gehend, die mitgeführten Druckschriften in die an den unverschlossenen, jedermann zugänglichen Hausgängen befindlichen Briefkasten zu dem Zwecke legt, damit deren Besitzer die Druckschriften an sich nehmen und von deren Inhalt Kenntniß nehmen.

Ist dagegen die Vertheilung nur in der Weise erfolgt, daß der Angeklagte nach Betreten der Häuser an die Thür des Zimmers klopfte und da, wo „Herein" gerufen wurde, eintrat und die Druckschriften anbot, sonst aber sich entfernte, so liegt eine Vertheilung an öffentlichen Orten nicht vor, da geschlossene Zimmer hierzu nicht gerechnet werden können (Kammergerichtsentscheid. v. 18. November 1893). „Das unentgeltliche Vertheilen von Druckschriften, welche sich als Aufrufe oder Bekanntmachungen darstellen, in Hausfluren ohne polizeiliche Genehmigung, ist nach §. 10 und 41 des preußischen Preßgesetzes vom 12. Mai 1851 nicht strafbar. Hausflure, auch wenn sie nicht verschlossen gehalten werden, bilden Räume unter Dach und Fach, gedeckte und umfriedigte Räume, also geschlossene Räume im Sinne des §. 43 der Gewerbeordnung. Die Oeffentlichkeit eines Ortes ist nicht identisch mit dessen Ungeschlossenheit. Auch ein Wirthshaus ist zwar ein öffentlicher Ort, aber zugleich ein geschlossener Raum." Urtheil des Kammergerichts v. 22. Oktober 1896, Deutsche Juristenzeitung, Jahrgang 1897, S. 166.

Während §. 9 des preußischen Gesetzes den zulässigen Inhalt von Plakaten angiebt, macht §. 10 in Ergänzung des § 9 das Anheften, Anschlagen u. s. w. von Druckschriften, anderen Schriften oder Bildwerken von der ortspolizeilichen Genehmigung abhängig. Beide Paragraphen sind nur in dem durch §. 30 Abs. 2 des Reichspreßgesetzes begrenzten Umfange noch in Kraft.

Anheften von Druckschriften.

„Stellt jemand, welcher das stehende Gewerbe mit Druckschriften angemeldet hat, auch die polizeiliche Genehmigung zur Vertheilung der fraglichen Druckschrift besitzt, eine Druckschrift: „Mahnruf an die christlichen Bewohner der Stadt B. und Umgegend" ohne polizeiliche Erlaubniß in seinem Schaufenster aus oder heftet je ein Exemplar derselben an beiden Seiten der Eingangsthür zu seinem Laden an, so ist er strafbar nach §§. 10 und 41 des preuß. Preßgesetzes, sofern thatsächlich festgestellt ist, daß das Ausstellen, bezw. Anheften des Plakats lediglich den Zweck verfolgte, den Inhalt desselben möglichst zur allgemeinen Kenntniß zu bringen. Das „Vertheilen" ist begrifflich verschieden von „Ausstellen" und „Anheften" und das erstere schließt daher das letztere nicht in sich, wie sich aus §. 10 a. a. O. ergiebt, welcher „vertheilen" und „anheften" unterscheidet." Urtheil des Kammergerichts v. 25. Februar 1897, Deutsche Juristenzeitung, S. 267.

§. 41 des preußischen Preßgesetzes: „Wer den Vorschriften der §§. 8, 9 und 10 zuwiderhandelt, hat eine Strafe bis 50 Thaler oder eine Gefängnißstrafe bis zu 6 Wochen verwirkt."

Ein besonderer Vorsatz wird nicht verlangt. Nach der kammergerichtlichen Entscheidung vom 30. März 1893 schützt nur die Unmöglichkeit, das Gebot zu erfüllen, vor Strafe.

Zuwiderhandlungen nach §. 41 verjähren, da sie sich als Uebertretungen darstellen, in 3 Monaten.

An Stelle der angedrohten Gefängnißstrafe tritt gemäß §. 6 des Einführungsgesetzes zum Reichsstrafgesetzbuch Haft (Kammergerichtsentscheid. v. 14. Januar 1892.

Die in Bayern auf Grund des §. 30 Abs. 2 des Reichspreßgesetzes in Frage kommenden gesetzlichen Vorschriften:

Art. 12 des bayrischen Ausführungsgesetzes zur Reichsstrafprozeßordnung vom 18. August 1879:

„Wer ohne polizeiliche Erlaubniß auf Straßen oder öffentlichen Plätzen Bekanntmachungen, Plakate oder Aufrufe anschlägt, anheftet, ausstellt oder öffentlich unentgeltlich vertheilt, desgleichen wer ohne solche Erlaubniß eine der angeführten Handlungen vornehmen läßt, wird mit Haft bis zu 14 Tagen und an Geld bis zu 20 Mark bestraft."

„Sind mildernde Umstände vorhanden, so ist das Gericht befugt, entweder auf Haft bis zu 14 Tagen oder auf Geldstrafe bis zu 20 Mark zu erkennen."

„Neben der Strafe kann auf Einziehung der gesetzwidrig verbreiteten, aber noch nicht in fremdes Eigenthum übergegangenen Schriften erkannt werden."

Art. 13 desselben Gesetzes: „Die Polizeibehörde ist befugt, jede Schrift, welche gegen die Bestimmung des Art. 12 öffentlich verbreitet wird, sogleich mit Beschlag zu belegen. Auf die Beschlagnahme findet §. 8 des Edikts über die Freiheit der Presse und des Buchhandels vom 4. Juni 1848 Anwendung." Dieser §. 8 bestimmt: „Die polizeiliche Beschlagnahme von Erzeugnissen der Presse kann nur wegen Uebertretung eines in der Verfügung anzuführenden Strafgesetzes geschehen und muß die Einleitung des in den Gesetzen bestimmten strafgerichtlichen Verfahrens längstens binnen 8 Tagen nach sich ziehen."

Die im Königreich Sachsen auf Grund des §. 30 Abs. 2 des Preßgesetzes in Kraft gebliebenen Bestimmungen:

Art. 15 des sächsischen Preßgesetzes vom 24. März 1870:

1. Ankündigungen gesetzlich erlaubter Versammlungen, Wahlbekanntmachungen (unter den in Art. 7 für Stimmzettel abgegebenen Beschränkungen), sowie Anzeigen über öffentliche Vergnügungen, über gestohlene, verlorene und gefundene Sachen, über Verkäufe und Vermiethungen und sonstige Nachrichten über den gewerblichen Verkehr dürfen ohne vorherige Anzeige an den im Voraus bestimmten Orten und, was die Verkäufe oder Vermiethungen von Grundstücken und gewerbliche Ankündigungen anlangt, auch an den betreffenden Grundstücken und Gewerbslokalen selbst öffentlich angeschlagen werden."

2. „Bei Plakaten anderer Art, mit Ausnahme der Bekanntmachungen öffentlicher Behörden, bedarf es der vorgängigen Anzeige bei der Ortspolizeibehörde unter Vorlegung eines Exemplars des betreffenden Plakats. Diese Plakate dürfen ebenfalls bloß an den von der Behörde im Voraus bestimmten Orten öffentlich angeschlagen oder angeheftet werden."

Art. 16 desselben Gesetzes: „Zuwiderhandlungen gegen die Vorschriften in Art. 10 bis 15 sind mit einer Geldstrafe bis zu 50 Thalern oder Gefängnißstrafe bis zu 4 Wochen zu belegen."

An Stelle der Gefängnißstrafe ist die Haftstrafe getreten.

Für Baden kommt hier Art. 3 des Gesetzes vom 20. Juni 1874, für Württemberg Art. 2 des Gesetzes vom 27. Juni 1874 in Betracht.

Zu Abs. III des §. 30 des Reichspreßgesetzes.

Gemäß Abs. 3 des §. 30 des Reichspreßgesetzes bleiben die schon bestehenden Vorschriften über Abgabe von Freiexemplaren in Kraft, außerdem können auch neue Bestimmungen hierüber durch Landesgesetze erlassen werden. Die bestehenden Vorschriften sind aber nur in Kraft geblieben, insoweit dadurch die Abgabe von Freiexemplaren an Bibliotheken und öffentliche Sammlungen zur Pflicht gemacht ist. Ist daher diese Pflicht in den Landesgesetzen weiter ausgedehnt (so z. B. Abgabe von Freiexemplaren an Behörden), so ist diese Bestimmung durch Abs. 3 des §. 30 a. a. O. aufgehoben.

§. 6 des preußischen Preßgesetzes vom 12. Mai 1851 ordnet an: „An der bisherigen Verpflichtung des Verlegers, zwei Exemplare seiner Verlagsartikel, und zwar eines an die Königliche Bibliothek in Berlin, das andere an die Bibliothek derjenigen Provinz, in welcher er wohnt, unentgeltlich einzusenden, wird nichts geändert.“

Die Kabinetsordre vom 28. Dezember 1824 sagt: „Jeder Verleger soll schuldig sein, zwei Exemplare jedes seiner Verlagsartikel, und zwar eins an die große Bibliothek hierselbst, das andere aber an die Bibliothek der Universität derjenigen Provinz, in welcher der Verleger wohnt, unentgeltlich einzusenden.“

Zu vergl. auch Erlaß des Ministers des Innern vom 25. Februar 1840 (Ministerialbl. S. 93) und Kabinetsordre vom 12. März 1847.

Für Bayern gilt Art. 68 des Gesetzes vom 28. Juni 1865, betreffend den Schutz des Urheberrechtes an literarischen Erzeugnissen und Werken der Kunst in Verbindung mit §. 11 des Reichsgesetzes vom 22. April 1871, betreffend die Einführung Norddeutscher Bundesgesetze in Bayern (Reichsgesetzbl. S. 87—90): „Jeder Inländer, der ein literarisches Erzeugniß, eine musikalische Komposition oder ein Werk der zeichnenden Kunst im Inlande verlegt, ist verbunden, bei der Herausgabe zwei Exemplare an das Königliche Staatsministerium des Innern für Kirchen- und Schulangelegenheiten abzuliefern und die Ablieferung bei jeder neuen verbesserten Auflage zu wiederholen.“

§. 31 des Reichspreßgesetzes: „Dieses Gesetz tritt am 1. Juli 1874 in Kraft. Seine Einführung in Elsaß-Lothringen bleibt einem besonderen Gesetze vorbehalten."

Dieses besondere Gesetz ist in Folge der eigenthümlichen politischen Verhältnisse in Elsaß-Lothringen bis jetzt nicht erlassen. Für Helgoland gilt das Reichspreßgesetz auf Grund der Allerhöchsten Verordnung vom 22. März 1891.

Anhang.

Da es für den eine Haussuchung und Beschlagnahme ausführenden Polizeibeamten gerade im Hinblick auf die bei Beschlagnahme von Druckschriften kurz gesetzten Fristen eine wesentliche Erleichterung ist, sich eines Formulars als Berichtsform zu bedienen, zumal dasselbe ihm zugleich die bei der Beschlagnahme zu beobachtenden Formalitäten angiebt, so sollen nachstehend mehrere solcher Formulare angeführt werden.

Formular A.

(Nichtzutreffendes ist zu durchstreichen.)

Auf Anordnung des Kgl. Amtsgerichts zu . . . . . . vom . . . . . . der Kgl. Staatsanwaltschaft zu . . . . . . vom . . . . . ., des Hülfsbeamten der Staatsanwaltschaft . . . . . . zu . . . . . . vom . . . . . ., von deren Inhalt der . . . . . (Name) Einsicht genommen hat, hat der Unterzeichnete in der Wohnung (in den Geschäftsräumen, in dem befriedeten Besitzthum) des . . . . . . (Name) auf Grund des §. 102 der Reichsstrafprozeßordnung Durchsuchung gehalten.

Es wurden daraufhin in Anwesenheit des von der Beschlagnahme Betroffenen . . . . . . in Abwesenheit des von der Beschlagnahme Betroffenen, nachdem der . . . . (Name) als Vertreter — als erwachsener Angehöriger — als Hausgenosse — als Nachbar — zur Durchsuchung zugezogen worden war (da die Zuziehung eines Dritten zur Beschlagnahme nicht möglich war), folgende Schriften beschlagnahmt:

. . . .
. . . .
. . . .

Zu der polizeilich angeordneten Durchsuchung ist der Gemeindebeamte . . . ., sind die . . . . als Gemeindemitglieder zugezogen worden.

Die Zuziehung eines Gemeindebeamten bezw. zweier Gemeindemitglieder zu der polizeilich angeordneten Durchsuchung war nicht möglich.

Die trennbaren Theile . . . . (folgt nähere Bezeichnung) der Druckschrift wurden nicht beschlagnahmt, da sie nichts Strafbares enthalten.

Formular B.

Auf Anordnung des Kgl. Amtsgerichts zu . . . . . . vom . . . . . ., der Kgl. Staatsanwaltschaft zu . . . . . vom . . . . . ., des Hilfsbeamten der Staatsanwaltschaft zu . . . . vom . . . ., von deren Inhalt der . . . . . . (Name) Einsicht genommen hat, hat der Unterzeichnete in der Wohnung (in den Geschäftsräumen, in dem befriedeten Besitzthum) des . . . . . . (Name) Durchsuchung gehalten, da derselbe verdächtigt ist, Gegenstände, die als Beweismittel für . . . . (folgt Angabe der strafbaren Handlung) dienen, (auf deren Einziehung voraussichtlich zu erkennen sein wird) in seinem Gewahrsam zu haben, nachdem vorher dem Verdächtigten . . . . . . in Abwesenheit des Verdächtigten dem . . . . . . als Vertreter — als erwachsener Angehöriger — als Hausgenossen — als Nachbar — der Zweck der Durchsuchung bekannt gegeben worden war . . . . . In Abwesenheit des Verdächtigten einen Dritten zur Durchsuchung zuzuziehen, war nicht möglich. Es wurden daraufhin folgende Schriften beschlagnahmt:

. . . .

Zu der polizeilich angeordneten Durchsuchung ist der Gemeindebeamte . . . ., sind die . . . . als Gemeindemitglieder zugezogen worden.

Die Zuziehung eines Gemeindebeamten bezw. zweier Gemeindemitglieder war nicht möglich.

Die trennbaren Theile . . . . (folgt nähere Bezeichnung) der Druckschrift wurden nicht beschlagnahmt, da sie nichts Strafbares enthalten.

Sachregister.

A.

B.

D.

Druck von A. W. Hayn's Erben, Berlin und Potsdam.

Guttentag'sche Sammlung

Deutscher Reichsgesetze.

Text-Ausgaben mit Anmerkungen. Taschenformat.

---

1. **Verfassung** des Deutschen Reichs. Von Dr. **L. von Rönne.** Achte neubearbeitete Auflage. 1 M. 60 Pf.

2. **Strafgesetzbuch** für das Deutsche Reich. Nebst den gebräuchlichsten Reichs-Strafgesetzen. Von Dr. **H. Rüdorff.** Neunzehnte Auflage von Dr. **H. Appelius,** Staatsanwaltschaftsrath. Geb. 1 M. 20 Pf.

3. **Militärstrafgerichtsordnung** nebst Einführungsgesetz und Gesetz, betr. die Dienstvergehen der richterlichen Militärjustizbeamten und die unfreiwillige Versetzung derselben in eine andere Stelle oder in den Ruhestand. Nebst den erlassenen Ausführungs-Verordnungen. Von Dr. **P. Herz,** Geh. Admiralitätsrath. Zweite Auflage. Geb. Im Druck.

4. **Handelsgesetzbuch vom 10. Mai 1897** unter Ausschluß des Seerechts. Mit den ergänzenden Vorschriften des Bürgerlichen Gesetzbuchs und Erläuterungen herausgegeben von **F. Litthauer,** Justizrath. Elfte unveränderte Auflage. 2 M. 25 Pf.

5. Allgemeine Deutsche **Wechselordnung.** Siebente Auflage von Dr. **E. Ball,** Rechtsanwalt, und das Reichsgesetz über die **Wechselstempelsteuer.** Sechste Auflage von Reg.-Assessor **P. Loeck.** 2 M.

6. **Reichs-Gewerbe-Ordnung** nebst Ausführungsbestimmungen, den Bestimmungen über den Arbeiterschutz, der Organisation des Handwerks und des Lehrlingswesens. Von Dr. **Wilhelmi**, Geh. Ober-Regierungsrath. Fünfzehnte Auflage. 2 M. 80 Pf.

7. Die deutsche **Post- und Telegraphen-Gesetzgebung.** Von Dr. **P. D. Fischer**, Unterstaatssekretär im Reichs-Postamt. Vierte Auflage. 2 M. 60 Pf.

8. Die Reichsgesetze über den **Unterstützungswohnsitz**, die **Freizügigkeit**, den **Erwerb** und **Verlust** der **Bundes- und Staatsangehörigkeit**, nebst allen landesgesetzlichen Bestimmungen. Von Geheimrath Dr. **J. Krech.** Vierte Auflage. 2 M. 25 Pf.

9a. Sammlung **kleinerer privatrechtlicher Reichsgesetze.** Von **F. Vierhaus**, Geh. Ober-Justizrath. Zweite Auflage in Vorbereitung.

9b. Sammlung **kleinerer strafrechtlicher Reichsgesetze.** Von **M. Werner**, Geh. Ober-Regierungsrath Zweite Auflage im Druck.

10. Das **Reichsbeamtengesetz** vom 31. März 1873 und seine Ergänzungen. Erläutert von **J. Pieper**, Geh. Ober-Regierungsrath. 3 M. 30 Pf.

11. **Civilprozeßordnung mit Einführungsgesetzen,** Nebengesetzen und Ergänzungen in der Fassung des Gesetzes vom 17. Mai 1898. Unter besonderer Be-

rücksichtigung der Entscheidungen des Reichsgerichts herausgegeben mit Anmerkungen von **R. Sydow**, Direktor im Reichs-Postamt und **L. Busch**, Kammergerichtsrath. Achte Auflage. 8°. Geb. 4 M.

Dieser Band ist in größerem Format erschienen!

12. **Strafprozeßordnung nebst Gerichtsverfassungsgesetz** in der vom 1. Januar 1900 ab geltenden Fassung, nebst dem **Gesetz, betreffend die Entschädigung der im Wiederaufnahmeverfahren freigesprochenen Personen.** Von **A. Hellweg**, Reichsgerichtsrath. Zehnte Auflage. Geb. in ganz Leinen 2 M.

13. **Konkursordnung und Anfechtungsgesetz** mit Einführungsgesetz, Nebengesetzen und Ergänzungen. **Unter** besonderer Berücksichtigung der Entscheidungen des Reichsgerichts herausgegeben mit Anmerkungen von **R. Sydow** und **L. Busch.** Achte Auflage. Geb. 1 M. 80 Pf.

14. **Gerichtsverfassungsgesetz** mit Einführungsgesetz und Nebengesetzen. Herausgegeben von **R. Sydow** und **L. Busch.** Achte Auflage. 1 M. 20 Pf.

15. **Gerichtskostengesetz und Gebührenordnung für Gerichtsvollzieher, Gebührenordnung für Zeugen und Sachverständige.** Mit Kostentabellen. Von **R. Sydow** und **L. Busch.** Sechste Auflage in Vorbereitung.

16. **Rechtsanwaltsordnung** für das Deutsche Reich. Von **R. Sydow.** Vierte Auflage bearbeitet von Gerichtsassessor Dr. **Mosler.**

17. Die **deutsche Gebührenordnung für Rechtsanwälte und das preußische Gebührengesetz** vom 27. September/6. October 1899. Herausgegeben mit Kostentabellen von **R. Sydow** und **L. Busch.** Sechste erweiterte Auflage. Geb. 1 M. 50 Pf.

18. **Reichsstempelgesetz (Börsensteuergesetz)** mit Ausführungsvorschriften, Tabellen, den Entscheidungen der Verwaltungsbehörden und des Reichsgerichts. Siebente Auflage von **P. Loeck,** Regierungs-Assessor. 3 M. 30 Pf.

19. Die **Seegesetzgebung.** Nebst den Entscheidungen des Reichsoberhandelsgerichts, des Reichsgerichts und der Seeämter. Von Dr. **W. E. Knitschky,** Landgerichtsrath. Zweite Auflage. 3 M. 80 Pf.

20. **Krankenversicherungsgesetz** vom 10. April 1892. Von Dr. **E. von Woedtke,** Direktor im Reichsamt des Innern. Siebente Auflage. 2 M.

21. Die **Konsulargesetzgebung** des Deutschen Reiches. Von Professor Dr. **Ph. Zorn.** Vergriffen.

22a. **Patentgesetz. Gesetz, betreffend den Schutz von Gebrauchsmustern. Gesetz, betreffend das Urheberrecht an Mustern und Modellen.** Nebst Ausführungsbestimmungen. Unter Berücksichtigung der Rechtsprechung des Reichsgerichts und der Praxis des Patentamts. Von Dr. **R. Stephan,** Geh. Regierungsrath, Abtheilungs-Vorsitzenden des Kaiserlichen Patentamts. Fünfte vermehrte Auflage. Geb. 2 M.

22b. **Gesetz zum Schutz der Waarenbezeichnungen.** Nebst Ausführungsbestimmungen. Von Dr. **R. Stephan**, Regierungsrath. Vierte vermehrte Auflage. 1 M.

23. **Unfallversicherungsgesetz** und Gesetz über die Ausdehnung der Unfall- und Krankenversicherung. Von Dr. **E. von Woedtke**, Direktor im Reichsamt des Innern. Fünfte Auflage. 2 M.

24. **Aktiengesellschaft und Kommanditgesellschaften auf Aktien.** Mit erläuternden Anmerkungen von Geh. Justizrath **Hugo Keyßner** und Rechtsanwalt Dr. **H. Veit Simon.** Fünfte Auflage. Handelsgesetzbuch, II. Buch, Abschnitt 3 und 4 bearbeitet von Dr. **Hugo Keyssner** u. **L. Keyssner.** Geb. 2 M. 25 Pf.

25. **Reichsgesetz** wegen **Erhebung der Brausteuer** vom 31. Mai 1872 mit Ausführungsvorschriften. Von **E. Bertho**, Regierungsrath. 1 M. 60 Pf.

26. Die Reichsgesetzgebung über **Münz- und Notenbankwesen**, Papiergeld, Prämienpapiere und Reichsanleihen. Von Dr. jur. **R. Koch**, Präsident des Reichsbankdirektoriums. Dritte Auflage. 2 M. 80 Pf.

27. Reichsgesetzgebung, betr. das **Gesundheitswesen** für Behörden, Aerzte &c. Von Dr. jur. **C. Goesch** und Dr. med. **J. Karsten.** 1 M. 60 Pf.

28. Reichsgesetz, betr. die **Unfallversicherung der bei Bauten beschäftigten Personen.** Zweite Auflage. Unter Berücksichtigung der Rechtsprechung des Reichs-Versicherungsamts bearbeitet von **R. Chrzescinski**, Kaiserl. Regierungsrath. 1 M. 60 Pf.

29. Reichsgesetz, betr. die **Erwerbs- und Wirthschaftsgenossenschaften.** In der vom 1. Januar 1900 ab geltenden Fassung. Von **L. Parisius** und Dr. **H. Crüger.** Achte Auflage. Geb. 1 M. 50 Pf.

30. **Invalidenversicherungsgesetz** in der Fassung vom 19. Juli 1899. Nebst Ausführungsbestimmungen. Von Dr. **E. v. Woedtke,** Director im Reichsamt des Innern. Siebente Auflage. Geb. 2 M. 50 Pf.

31. Reichsgesetz, betr. die **Gewerbegerichte.** Von **L. Mugdan.** Vierte Auflage. Bearbeitet von **Cuno,** Stadtrath und stellvertretender Vorsitzender des Gewerbegerichts zu Königsberg i. Pr. 1 M. 80 Pf.

32. Reichsgesetz, betr. die **Gesellschaften mit beschränkter Haftung.** In der vom 1. Januar 1900 ab geltenden Fassung. Von **L. Parisius** und Dr. **H. Crüger.** Vierte vermehrte und verbesserte Auflage. 1 M.

33. Das **Vereins- und Versammlungsrecht** in Deutschland. Von Dr. **E. Ball,** Rechtsanwalt. 2 M. 25 Pf.

34. Reichsgesetz, betreffend die **Abzahlungsgeschäfte.** Vom 16. Mai 1894. Von **J. Hoffmann,** Geheimer Regierungsrath. 95 Pf.

35. Die **Reichs-Eisenbahngesetzgebung.** Von **W. Coermann,** Kaiserl. Amtsrichter. 2 M. 25 Pf.

36. Gesetze, betr. die **privatrechtlichen Verhältnisse der Binnenschiffahrt und der Flößerei.** Nach den Materialien erläutert von **H. Makower.** Unter Berücksichtigung der am 1. Januar 1900 in Kraft tretenden Reichsgesetze bearbeitet von **E. Löwe,** Landgerichtsrath. Zweite veränderte Auflage. 2 M.

37. **Gesetz zur Bekämpfung des unlauteren Wettbewerbes.** Vom 27. Mai 1896. Von Dr. **R. Stephan,** Regierungsrath. Zweite Auflage. 80 Pf.

38/39. **Bürgerliches Gesetzbuch nebst Einführungsgesetz.** In Verbindung mit Professor Dr. **André,** Amtsgerichtsrath **Greiff,** Amtsrichter **Ritgen,** Landgerichtsrath Dr. **Unzner** herausgegeben von Reichsgerichtsrath Dr. **A. Achilles.** Zweite vermehrte Auflage. 8°. Geb. 5 M. 50 Pf.

Dieser Band ist in größerem Format erschienen!

40. Gesetz, betr. die **Pflichten der Kaufleute bei Aufbewahrung fremder Werthpapiere (Depotgesetz).** Mit Erläuterungen, Einleitung und Sachregister. Von **F. Lusensky,** Geh. Regierungsrath. 90 Pf.

41. **Börsengesetz.** Vom 22. Juni 1896. Nebst den dazu erlassenen Ausführungsbestimmungen. Unter Mitwirkung des Geh. Ober-Regierungsrathes **A. Wermuth** bearbeitet von **H. Brendel,** Gerichts-Assessor, Hülfsarbeiter im Reichsamt des Innern. 1 M. 50 Pf.

42. **Grundbuchordnung** für das Deutsche Reich nebst den preußischen Ausführungsbestimmungen. Mit Einleitung von Professor Dr. **O. Fischer.** Zweite Auflage. Geb. 1 M. 80 Pf.

43. Die Gesetzgebung, betr. die **Zwangsvollstreckung in das unbewegliche Vermögen im Reiche und in Preußen.** Mit Einleitung, Kosten- und Gebührentabellen. Von Dr. **J. Krech,** Kaiserl. Geh. Regierungsrath und Professor Dr. **O. Fischer.** Zweite vermehrte Auflage. Geb. 2 M.

44. Das Reichsgesetz über das **Auswanderungswesen** vom 9. Juni 1897 nebst Ausführungsverordnungen und Anlagen. Nach den Materialien und unter Benutzung amtlicher Quellen erläutert von Professor Dr. **Felix Stoerk.** 2 M. 25 Pf.

45. **Das Entmündigungsrecht** unter Mitberücksichtigung der für Preußen geltenden Vorschriften (nebst der preußischen Justiz-Ministerial-Verfügung vom 28. November 1899). Text der civil- und prozeßrechtlichen Bestimmungen und Erläuterungen von Landrichter Dr. **P. Koll** in Cöln. Geb. 1 M. 50 Pf.

46. Die Gesetze des Reichs und Preußens über die **freiwillige Gerichtsbarkeit.** Mit Einleitung und Erläuterungen von **Herm. Jastrow,** Amtsgerichtsrath. Zweite erweiterte Ausgabe. Im Druck.

47. Das **deutsche Vormundschaftsrecht** und das preuß. Gesetz, betr. die Unterbringung verwahrloster Kinder vom 13. März 1878 nebst den dazu gehörigen Nebengesetzen und allgemeinen Verfügungen. Mit Einleitung und Erläuterungen von **Max Schultzenstein,** Oberverwaltungsgerichtsrath und Amtsgerichtsrath Dr. **Paul Köhne.** 2 M. 80 Pf.

48. Gesetze und Verordnungen, betreffend den **Drogen-, Gift- und Farbenhandel** außerhalb der Apotheken unter besonderer Berücksichtigung des Königreichs Preußen. Von Dr. **Broh,** Rechtsanwalt. 1 M. 25 Pf.

49. Die **Kolonialgesetzgebung.** Von Prof. Dr. **Philipp Zorn.** In Vorbereitung.

50. Der **Viehkauf** (Viehgewährschaft) **nach** dem Bürgerlichen Gesetzbuche von Rechtsanwalt **Dr. Hans Stölzle.** Nebst Anhang: Verordn. betr. Hauptmängel und Gewährsfristen beim Viehhandel. Erläutert von Kreisthierarzt **H. Weiskopf.** Zweite Auflage. Geb. 2 M.

51. **Hypothekenbankgesetz** vom 18. Juli 1899. Von Dr. **Heinrich Göppert,** Gerichts-Assessor. Geb. in ganz Leinen 1 M. 80 Pf.

52. Gesetz, betreffend die gemeinsamen **Rechte der Besitzer von Schuldverschreibungen.** Vom 4. Dezember 1899. Von Dr. **Heinrich Göppert.** In Vorbereitung.

53. **Reichspreßgesetz** vom 7. Mai 1874 nebst den einschlägigen Bestimmungen des Reichsstrafgesetzbuchs, der Gewerbeordnung u. s. w. Kommentar von **A. Born,** Polizeiassessor. Geb. 1 M. 50 Pf.

54. Die Reichsgesetzgebung über den Verkehr mit **Nahrungsmitteln, Genußmitteln und Gebrauchsgegenständen.** Von Dr. **Lebin,** Nahrungsmittelchemiker. In Vorbereitung.

Preußische Gesetze.

1. **Verfassungs-Urkunde** für den Preußischen Staat nebst Ergänzungs- und Ausführungs-Gesetzen. Mit Einleitung und Kommentar von Prof. Dr. **Adolf Arndt.** Dritte Auflage. 2 M. 25 Pf.

2. **Preußische Beamten-Gesetzgebung.** Enthaltend die wichtigsten Beamtengesetze in Preußen. Von **C. Pfafferoth.** Dritte Auflage. 1 M. 50 Pf.

3. Die **Zwangsvollstreckung in das unbewegliche Vermögen.** Von Geh. Rath Dr. **J. Krech,** und Prof. Dr. **O. Fischer.** »Siehe Reichsgesetz Nr. 43.«

4. Die **Gebührenordnung** für **Notare** vom 25. Juni 1895 nebst den einschlägigen Vorschriften des preuß. Gerichtskostenges. in der Fassung der Bekanntmachung vom 6. Oktober 1899. Von **R. Sydow.** Zweite Auflage bearb. von Gerichtsassessor Dr. **E. Mosler.** Gebunden 1 M. 50 Pf.

5. Gesetz vom 24. **April 1854 (betr. die außereheliche Schwängerung).** Von Dr. **Schulze.** 75 Pf.

6. Die Preußischen **Ausführungsgesetze und Verordnungen zu den Reichs-Justizgesetzen.** Von **R. Sydow.** Dritte vermehrte Auflage. 2 M. 40 Pf.

7. **Allg. Gerichtsordnung** und Preuß. **Konkursordnung.** Von **F. Vierhaus.** Vergriffen.

8. **Vormundschaftsordnung** vom 5. Juli 1875, **nebst** allen Nebengesetzen. Von Oberverwaltungsgerichtsrath **Schultzenstein.** »Siehe Reichsgesetz Nr. 47.«

9. Die Preußische **Grundbuchgesetzgebung.** Von Prof. Dr. **Fischer.** »Siehe Reichsgesetz Nr. 42.«

10. **Einkommensteuergesetz.** Vom 24. Juni 1891. **Von** Geheimrath **Meitzen.** Vierte vermehrte Auflage von **A. Fernow,** Ober-Regierungsrath. 1 M. 50 Pf.

11. **Gewerbesteuergesetz.** Vom 24. Juni 1891. Von **A. Fernow,** Ober-Regierungsrath. Dritte vermehrte Auflage. 1 M. 25 Pf.

12. **Allgemeines Berggesetz.** Von **E. Engels,** Ober-Bergrath. Zweite Auflage. 1 M. 60 Pf.

13. **Ergänzungssteuergesetz** (Vermögenssteuergesetz). Vom 14. Juli 1893. Von **A. Fernow,** Ober-Regierungsrath. Zweite vermehrte Auflage. 1 M.

14. **Kommunalabgabengesetz.** Vom 14. Juli 1893, und Gesetz wegen Aufhebung direkter Staatssteuern. Vom 14. Juli 1893. Von **F. Adickes,** Oberbürgermeister. Zweite Auflage. 1 M. 25 Pf.

15. Die **Kreisordnungen** für den Preußischen Staat. Von **O. Kolisch,** Landgerichtsrath. 4 M.

16. Preuß. Ausführungs-Anweisung zu §§. 16 u. ff. der Reichs-Gewerbe-Ordnung, betr. **Genehmigung gewerblicher Anlagen.** Von Dr. **von Rüdiger,** Regierungs- und Gewerberath. 1 M. 50 Pf.

17. Preußisches **Gerichtskostengesetz.** In der Fassung der Bekanntmachung vom 6. Oktober 1899. Mit Kostentabellen. Von Dr. **P. Siméon,** Landrichter. Dritte Auflage. Geb. in ganz Leinen. 1 M. 80 Pf.

18. Preußisches **Stempelsteuergesetz.** Vom 31. Juli 1895. Nebst den Ausführungsbestimmungen und ausführlichen Tabellen. Von **B. Gaupp,** Geh. Regierungsrath und Regierungsassessor **P. Loeck.** Vierte Auflage. 3 M. 30 Pf.

19. **Jagdscheingesetz.** Vom 31. Juli 1895. Mit ausführlichen Erläuterungen. Von **F. Kunze,** Wirkl. Geh. Ober-Reg.-Rath. Zweite Auflage. Geb. 2 M.

20. Gesetz, betr. die **Erbschaftssteuer.** Vom 19./24. Mai 1891 unter Berücksichtigung der Novelle vom 31. Juli 1895. Mit ausführlichen Erläuterungen von **P. Loeck,** Regierungsassessor. 1 M. 80 Pf.

21. Gesetz über die **Handelskammern.** Vom 19. August 1897. Mit Erläuterungen, geschichtlicher Einleitung sowie einer Uebersicht des Bestandes der kaufmännischen Vertretungen. Von **F. Lusensky,** Geh. Regierungsrath. 3 M.

22. Gesetz, betr. **Anstellung und Versorgung der Kommunalbeamten.** Vom 30. Juli 1899. Mit einem Anhang, enthaltend die Ministerialanweisung vom 12. October 1899. Von Dr. **W. Ledermann,** Magistratsassessor zu Berlin. 1 M. 25 Pf.

23. **Ausführungsgesetz zum Bürgerlichen Gesetzbuche.** Von Landrichter Dr. **P. Siméon.** 1 M. 60 Pf.

24. Die **Hinterlegungsordnung** vom 14. März 1879 in der Fassung des preußischen Ausführungsgesetzes zum Bürgerlichen Gesetzbuch vom 20. September 1899. Nebst Ausführungsbestimmungen. Unter Benutzung der amtlichen Entscheidungen und Erlasse des Finanzministers. Von Regierungsassessor Dr. **Georg Bartels.** Im Druck.

Bei Fragen zur Produktsicherheit wenden Sie sich bitte an:
If you have any questions regarding product safety,
please contact:

Walter de Gruyter GmbH
Genthiner Straße 13
10785 Berlin
productsafety@degruyterbrill.com